이모티콘
제작을 위한
친절한 안내서

실전
이모티콘
만들기

코핀 커뮤니케이션즈, 정용훈 저

YoungJin.com Y.
영진닷컴

이모티콘 제작을 위한 친절한 안내서

실전 이모티콘 만들기

ISBN 978-89-314-6110-7

독자님의 의견을 받습니다

이 책을 구입한 독자님은 영진닷컴의 가장 중요한 비평가이자 조언가입니다. 저희 책의 장점과 문제점이 무엇인지, 어떤 책이 출판되기를 바라는지, 책을 더욱 알차게 꾸밀 수 있는 아이디어가 있으면 이메일, 또는 우편으로 연락주시기 바랍니다. 의견을 주실 때에는 책 제목 및 독자님의 성함과 연락처(전화번호나 이메일)를 꼭 남겨 주시기 바랍니다. 독자님의 의견에 대해 바로 답변을 드리고, 또 독자님의 의견을 다음 책에 충분히 반영하도록 늘 노력하겠습니다.

주　　소 : 서울 금천구 가산디지털2로 123 월드메르디앙벤처센터 2차 10층 1016호 (우)08505

등　　록 : 2007. 4. 27. 제16-4189호

이 메 일 : support@youngjin.com

파본이나 잘못된 도서는 구입하신 곳에서 교환해 드립니다.

STAFF

저자 코핀 커뮤니케이션즈, 정용훈 | **총괄** 김태경 | **기획** 최윤정 | **디자인·편집** 인주영

영업 박준용, 임용수 | **마케팅** 이승희, 김근주, 조민영, 이은정, 김예진 | **제작** 황장협 | **인쇄** SJ P&B

이모티콘
제작을 위한
친절한 안내서 **실전**
이모티콘
만들기

Contents

Prologue

이모티콘 디자인을 시작하려는 분들에게

재능은 돈으로 바꿀 수 없습니다.

이모티콘 시장이 성장하면서 디자인이나 그림과는 무관했던 평범한 사람들에게 이모티콘을 만들고 제안할 수 있는 길이 열렸습니다. 그와 함께 '대충 만든' 콘셉트와 '병맛'이라고 일컫는 'B급' 콘셉트의 이모티콘이 젊은 층을 중심으로 인기를 끌면서 많은 사람들의 관심이 집중되고 있는데, 그 관심이 이모티콘을 구매하고 이용하는 데 그치지 않고 '나도 한번 만들어 볼까?'로 이어지고 있는 요즘입니다. 이모티콘으로 많은 돈을 벌었다는 사람의 이야기가 각종 미디어에서 넘쳐나는 것도, 미디어의 관심과 일반 대중의 관심이 서로 무관하지 않다는 생각을 하게 합니다. 그러나 그 성공 이면에 얼마나 많은 사람들의 도전, 혹은 좌절이 있었는지는 아무도 다루지 않습니다.

'재능은 돈으로 바꿀 수 없습니다.'란 얘기는 이모티콘으로 성공하거나 돈을 벌지 말라는 얘기가 아니라, 단지 모든 관심이 누가 '얼마를 벌었다더라'에 집중되어 있어, 그 관심을 돈이 아닌 본질적인 부분으로 돌렸으면 하는 바람으로 던지는 한마디입니다. 이모티콘을 만들고 싶다는 생각으로 이 책을 집어 드신 분들에게는 이 한마디를 꼭 기억하고, 읽어 달라는 당부를 드립니다.

'이모티콘으로 어떻게 돈을 벌 수 있을까?'가 아니라 '어떻게 참신한 이모티콘을 재미있게 만들어나갈까?'에 모든 관심이 집중되어 있어야 합니다. 어쩌면, 이모티콘을 만드는 작업도 결국은 그러한 자신의 '태도'와 직결되어 있다는 생각이 들었습니다. 작업 과정에서 아이디어를 떠올리고, 하나하나 만들어나가며, 작업의 즐거움을 느끼는 '태도'야말로 이모티콘을 만드는 가장 중요한 덕목이 아닐까 생각합니다. 이모티콘을 만드는 이유와 본질에 집중할 때 자신도 즐겁고, 그 작업물로 많은 사람들에게 즐거움을 줄 수 있습니다. 그리고, 그렇게 만들어진 결과물이어야 도전에서 실패해도 흔들리지 않고 버틸 수 있을 거라고 생각합니다.

. . .

지난해 6월, 패스트 캠퍼스에서 이모티콘 강의를 진행하던 중에 이모티콘 책을 만들고 싶다는 영진닷컴의 제의를 받았습니다. 갑작스러운 제의에 놀라기도 했지만, 이모티콘 강의를 하면서 준비했던 내용과 느꼈던 부분, 전달하지 못했던 내용, 실제 이모티콘 작업을 하면서 생각했던 내용을 정리할 수 있는 좋은 기회라는 생각으로 제의를 수락하고, 책 작업에 들어갔습니다. 책은 이모티콘을 만들고 싶은 분들에게 쉽게 이해되고, 편하게 읽을 수 있는 좋은 안내서가 되기를 바라는 마음으로 구성하였습니다.

내용은 총 6개의 PART로 구성되어 있습니다. PART 1과 6은 전반적인 이모티콘 시장에 대한 설명과 플랫폼별로 이모티콘을 등록하는 방법을 담고 있는데, 코핀 커뮤니케이션즈 유영학 대표님께서 직접 원고를 작성해 주셨습니다. 이모티콘 시장과 그와 관련한 일반적 정보를 전달하고 있지만, 행간에 숨어있는 이모티콘 회사를 만들고 개척해 나가시면서 쌓아온 경험과 생각을 엿볼 수 있는 PART입니다.

그리고, PART 2~5는 실제로 이모티콘을 만드는 방법을 배워 보는 PART입니다. 이모티콘 기획에 관한 기본적인 설명과 자신이 기획한 내용을 직접 작성해 볼 수 있게 구성하였고, 정지 이모티콘인 '스티콘'과 움직이는 이모티콘인 '애니콘'을 포토샵과 애니메이트(플래시) 프로그램으로 직접 따라 해 볼 수 있게 작업 방법과 기본 원리를 중심으로 내용을 담았습니다. 그러나 한정된 지면으로 포토샵과 애니메이트 등 프로그램에 관한 기본적인 설명밖에는 담지 못했는데, 그 외에도 직접 프로그램을 사용하는 데 전혀 불편함이 없도록 충분히 공부하고 익히는 과정이 필요하다고 당부합니다. 책에 설명된 부분을 직접 따라 할 수 있다고 그것이 온전히 '자기의 것'이 되었다고 말할 수 없기 때문입니다. 이모티콘을 만드는 과정을 거듭해 보면서, 자신이 잘할 수 있는 스타일과 그 스타일에 꼭 맞는 작업 방법을 끊임없이 연구하고 찾아 나가시기를 바랍니다.

또, 이모티콘 작업에서는 기본적인 드로잉 실력도 중요한데, 아무리 좋은 아이디어를 가지고 있어도 시각적으로 표현할 수 없으면, 누구도 공감해 주지 않기 때문입니다. 드로잉 실력을 높일 수 있는 방법도 연구하고 공부하면서 꾸준히 그려 보고, 더불어 손 그림처럼 PC 화면상에 나타낼 수 있는 타블렛도 완전히 손에 익을 수 있도록 준비해야 합니다. 한글 타자를 배울 때 생각나시나요? 키보드를 처음 접했을 때, 독수리 타법으로 키보드를 보면서 입력했던 기억들 있으실 텐데요. 현재는 어떻습니까? 키보드를 직접 보지 않고도 손이 위치를 기억하고 움직이고 있지 않나요? 타블렛 사용도 마찬가지입니다. 꾸준히 연습하고 작업에 집중하다 보면, 타블렛이 종이 위에 그림을 그리는 것처럼 편안하게 느껴지는 순간이 올 것입니다.

• • •

'이모티콘 책 첫 장부터 잔소리가 너무 길었나?'라는 생각도 들지만, 당부의 말을 넣은 이유는 이러한 준비가 없으면, 이모티콘 작업을 시도조차 못 해보다가 '난 역시 재능이 없나 보다'라고 생각하고 주저앉지 않을까 우려되었기 때문입니다. 이 책을 읽으실 분들이 '재능'이 있는지 없는지는 알지 못합니다. 다만, 취미든, 아니면 진지하게 도전해 볼 생각으로 이모티콘에 관심을 가지고 이 분야에 뛰어들었든, 작업에 '재미'를 느끼고 도전하셨으면 좋겠습니다. 작업 자체를 즐기는 태도가 없다면, 어떤 도전도 이어 나갈 수 없다고 단언할 만큼 확신하기 때문에 그렇습니다.

같은 맥락에서 만화 얘기를 잠시 해 보겠습니다. 이노우에 다케히코의 슬램덩크라는 작품이 있습니다. 슬램덩크(오래된 작품이라 만화를 좋아하지 않는 분들은 잘 모르시겠지만, 워낙 명작이니 못 보신 분들은 이번 기회에 1독 한번 해 보시기를 권합니다.)에서 주인공 강백호가 속한 북산고등학교가 전국대회 우승팀 산왕 공업고등학교와 시합을 합니다. 그때, 전국 고등학교 최고의 에이스 정우성이라는 캐릭터가 등장합니다. 시합 도중 정우성을 응원하는 아버지의 짧은 회상 장면이 나오는데, 그때 정우성이 어떻게 성장하고, 어떻게 고등학교 최고의 선수가 되었는지 보여 줍니다. 먼저, 아버지와의 1대1 승부를 벌이며 성장해 가는 모습에서, 정우성이란 캐릭터의 그 표정이 잊히지 않습니다. 어린 시절, 성인인 아버지와의 농구 대결에서 도전을 두려워하지 않고 즐기고 있는 정우성이란 캐릭터의 그 표정. 자신보다 강한 상대와 힘겨운 대결을 펼치며 조금씩 성장해가며, 즐거워하는 정우성의 모습.

산왕과의 경기에서 그 정우성에게 철저하게 막혀 있던 서태웅도 마지막에 웃음을 지어 보입니다. 그때부터 변화가 일어납니다. 고등학교 최고의 선수인 정우성에게 막혀 있는 자신의 한계를 인정하고, 1대1 승부를 고집했던 공격 패턴에서 벗어나 패스로 공격의 활로를 만들어냅니다. 저는 서태웅의 이 '패스'에서 '성장'이 있었다고 생각합니다.

이모티콘 작업도 앞서 나열한 이야기와 다를 바 없다고 생각합니다. 이 책을 통해 이모티콘 작업 과정 속에서 하나씩 배워가고 자신이 점점 성장하고 있다는 사실에 즐거워하며, 재밌는 이모티콘을 만들어나가시기를 진심으로 바랍니다. 우리의 모습과 실력을 객관적으로 바라보고, 내가 할 수 있는 일 하나하나에 집중할 때, 실력도 늘고 꾸준히 성장하는 계기가 될 수 있을 것입니다. 그런 마음으로 이모티콘 제작을 해나가기를 바랍니다.

마지막으로 책 출간을 결정해 주신 영진닷컴 관계자분들과 급속도로 성장하고 있었지만, 척박하고 체계가 부족했던 이모티콘 시장에서 전문 이모티콘 회사를 설립하고, 그와 관련한 지식과 경험을 공유해 주신 코핀 커뮤니케이션즈 유영학 대표님, 책에 꼭 필요한 예시가 되었던 이모티콘과 캐릭터를 디자인해 주신 코핀에 소속된 모든 디자이너분들께 감사의 말을 전합니다.

공동 저자 정용훈

CREATE

EMOTICONS

Part
01

이모티콘 샵 알아가기

(코핀 커뮤니케이션즈 유영학 대표)

......

PART1에서는 현재 이모티콘 시장과 사람들이 많이 사용하는 이모티콘 플랫폼(카카오톡, 라인, 애플 아이메시지 등)의 특성에 대하여 알아보도록 하겠습니다. 카카오톡과 라인의 예에서 알 수 있듯이 이모티콘은 플랫폼별로 타깃이 되는 주요 시장, 신청 프로세스, 승인 절차가 상이합니다. 이모티콘 시장이 어떻게 발전해 왔으며, 이모티콘 플랫폼별로 어떠한 특징이 있는지 먼저 전반적인 이모티콘 시장의 큰 틀에 대해서 알아보도록 하겠습니다.

바야흐로
이모티콘 전성시대 :

최근 몇 년 사이 급격하게 성장한 이모티콘 시장은, 이제는 국내 시장만 놓고 보았을 때 시장 규모 1,000억 원에 달하는 큰 시장이 되었습니다. 시장 규모가 커지고 이모티콘만으로 생계를 이어 나가는 전업 작가들이 출현하면서, 이모티콘은 언론에서도 뜨겁게 다루는 주제가 되었습니다.

최근 언론에서 나온 이모티콘 관련 기사를 찾아보면 〈소소한 아이디어로 억대 이모티콘 작가 됐어요 – 한국일보〉, 〈카카오 이모티콘으로 연 10억 번 스타작가 24명 – 한국일보〉, 〈정말 대충 그렸는데 '3억' 초대박 터트린 카톡 이모티콘 작가 – 인사이트〉, 〈커지는 이모티콘 시장, 이모티콘 대박났다 전해라 – 국민일보〉 등 다양한 언론에서 이모티콘 시장의 장밋빛 이야기를 늘어놓고 있습니다. 불과 4년 전, 이모티콘 사업을 시작한다고 주변에 이야기했을 때와는 전혀 다른 분위기입니다. 2014년에 이모티콘 사업을 처음 시작한다고 이야기했을 때 주변 반응은 "애들이 사용하는 그런 코 묻은 거 팔아서 돈 벌 수 있어?"처럼 부정적인 의견이 대다수였지만, 지금은 그때와 달리 급격하게 커진 시장 규모와 장밋빛 기사를 쏟아내는 언론에 힘입어, 오히려 대다수의 사람들이 현 이모티콘 시장보다 더 큰 기대를 품고 있습니다. 그렇다면 이모티콘 시장은 언제부터 시작했고, 성장곡선으로 보았을 때 현재 어느 시점에 있는 것일까요?

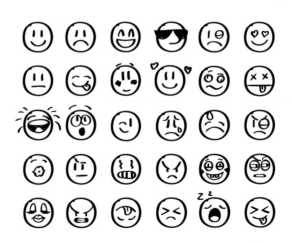

지금으로부터 약 10년 전 카카오톡, 라인, 왓츠앱과 같은 메신저 플랫폼이 등장하기 시작했고, 그전까지만 하더라도 건당 일정 비용을 내고 문자를 사용해 왔던 유저들 입장에서는 공짜로 메시지를 보낼 수 있는 메신저는 매우 신선한 것이었습니다. 메신저가 대중화되고 보다 많은 양의 메시지와 자료를 편리하게 보낼 수 있게 되면서 이모티콘도 자연스럽게 다채로워지기 시작했는데요. 2010년 초창기 이모티콘 시장은 흔히 우리가 알고 있는 매우 단순한 형태의 노란색 얼굴 이모티콘이 주류였다고 할 수 있습니다. 하지만 많은 사람들이 이모티콘에 관심을 갖고 자신의 감정을 표현하기 위한 주요 수단으로 사용하기 시작하면서, 이모티콘은 점차 다양한 형태로 발전하기 시작합니다. 처음에는 유명 캐릭터 혹은 각 메신저 플랫폼의 캐릭터가 무료로 배포되었고, 이때 무료로 배포되었던 소위 말하는 기본 이모티콘은 카카오와 라인 같은 각 플랫폼의 성장과 더불어 큰 인기를 끌게 됩니다. 국내에서는 카카오톡이 널리 사용되면서 카카오톡을 대표하는 카카오 프렌즈가 소비자에게 큰 호응을 얻었고, 일본과 대만에서는 라인이 범용적인 앱으로 사용되면서 라인 프렌즈가 큰 호응을 얻게 됩니다.

불과 10년 전까지만 하더라도 이모티콘을 돈 주고 산다는 개념은 매우 생소했습니다. 그 당시만 하더라도 이모티콘이라고 하는 것은 메신저에 딸려 오는 하나의 서비스로서 공짜로 사용하는 것이었고, 실제로 카카오톡만 하더라도 처음 유료 이모티콘을 출시했을 때 정말로 이것이 소비자에게 팔릴 것인지에 대한 큰 의문을 가지고 있었다고 합니다. 하지만 이미 20년 전 하이텔, 나우누리와 같은 인터넷 채팅이 보급되었을 때 ^^, ㅡㅡ와 같은 문자 이모티콘이 범용적으로 사용되었던 것처럼, 소비자는 이모티콘을 자신의 감정을 표현하는 도구로 적극적으로 사용하였고, 당시 유명 웹툰의 캐릭터가 이모티콘화되어 나오면서 이모티콘 시장은 생각보다 크게 성장하게 되었습니다.

특히, 이모티콘 시장의 결정적인 성장 계기는 바로 누구나 자유롭게 이모티콘을 제안할 수 있는 시스템에서 유래했다고 볼 수 있습니다. 현재 세계에서 가장 주요한 이모티콘 시장은 크게 애플의 아이메시지, 라인, 카카오톡이며, 세 시장 모두 이모티콘을 개인 작가 누구나 자유롭게 제안할 수 있는 형태로 되어 있습니다(물론 세 플랫폼이 모두 동일한 시스템을 가지고 있지는 않으며, 보다 구체적인 내용은 PART 6에서 플랫폼별 특성을 설명할 때 이야기할 예정입니다). 유명 캐릭터뿐만 아니라 누구나 자유롭게 이모티콘을 제안할 수 있게 되면서 많은 소비자의 욕구를 충족시킬 수 있는 이모티콘이 출시되었고, 이모티콘의 가장 중요한 기능 중 하나인 사람들의 공감과 이모티콘을 통한 감정이입이 가능해지면서 이모티콘 시장은 전 세계적으로 유례가 없을 정도로 빠르게 성장하였습니다. 이는 마치 유튜브 같은 개인 방송이 공중파 방송에서는 볼 수 없었던 다양한 영상과 다양한 욕구를 만족시키고 공감을 얻으면서 크게 성장했던 것과 유사하다고 할 수 있습니다.

또한, 통신 기술 발전에 힘입어 보다 많은 데이터를 소비자에게 전송하게 될 수 있게 된 것도 이모티콘 시장 발전에 크게 기여했다고 볼 수 있습니다. 기존에는 움직이지 않는 스틸컷 형태의 이모티콘밖에 전송할 수 없었지만, 통신 기술의 발전에 따라 많은 데이터를 손쉽게 주고받을 수 있게 되면서 용량이 큰 움직이는 이모티콘(애니콘)과 소리 나는 이모티콘(사운드콘)도 시장에 출현했고, 이에 따라 많은 소비자들이 다양한 종류의 이모티콘을 사용할 수 있게 되었습니다.

2010년도 초반, 처음으로 세상에 등장한 이모티콘은 메신저 플랫폼의 성장과 함께 크게 성장했으며, 최근에도 전 세계적으로 연 20~30%의 성장률을 보이며 승승장구하고 있습니다.

플랫폼별 특성 :

여기서는 앞서 설명했던 주요 메신저 플랫폼인 애플 아이메시지, 라인, 카카오톡 이모 티콘을 위주로 특성을 설명하고자 합니다.

애플 아이메시지, 라인, 카카오톡은 전 세계적으로 가장 큰 메신저 플랫폼이자 가장 큰 이모티콘 시장을 가지고 있는 플랫폼입니다. 애플 아이메시지는 아이폰 유저라면 누구 나 가지고 있는 문자 기능으로, 우리나라에서는 잘 사용되지 않지만 북미권에서는 상당 히 활발하게 사용되고 있으며 이모티콘 시장의 규모도 매우 큽니다. 애플에서 정확한 이모티콘 시장에 대한 통계를 공유하지 않기에 섣불리 말하기는 힘들지만, 이모티콘 시 장 크기가 유저 수 및 사용량에 어느 정도 비례한다는 점을 고려하면, 애플 아이메시지 가 전 세계적으로 가장 큰 이모티콘 시장일 것으로 추산됩니다. 그다음을 잇는 것이 일 본과 대만, 그리고 동남아를 주 시장으로 가지고 있는 라인(시장 규모 약 3천억 원 규모, 업계 추정), 그리고 국내를 메인으로 하는 카카오톡 이모티콘 샵(시장 규모 약 1천억 원 규모, 업계 추정)입니다.

좌측부터 라인, 애플 아이메시지, 카카오톡

☺ 애플 아이메시지

애플 아이메시지는 라인이나 카카오톡에 비해 그 역사가 매우 짧은데, 라인과 카카오 톡의 이모티콘이 본격적으로 출시된 지 5년이 넘은 것에 비교하여, 애플 아이메시지는

2016년도부터 본격적으로 이모티콘 샵을 오픈하였습니다. 하지만, 많은 애플 메시지 사용자에 힘입어 이모티콘 샵 오픈 7개월 만에 2만 3천 개가 넘는 이모티콘이 올라오고, 아이메시지 스토어에서 화제성 있는 이모티콘의 경우 보름 만에 1억 원 가까운 작가 수익을 기록하는 등 매우 활발하게 거래가 이루어지고 있습니다.

스티커			
동물 및 자연	Aopanda01	Astronaut Dog Stickers for iMessage	Avi Fox Sticker Pack
아트	Apathetic Panda	ASUKA Stickers	Avocado Stickers
기념일	Ape World: Premium Stickers	ATCHAN	Awesome Face cats emoji
스타	Apollo The Funny Elephant Stickers	Atlantic Sunrises	Awesome Possum
만화 및 웹툰	Apollogies	Atony Wolf Sticker Pack	AYA Stickers
음식 및 음료	Appelsin Stickers - Animals Emoji…	ATSUKO	AYAchan
감정 표현	Apple Blossoms	Aubrey The Cute Little Bunny Stick…	AYAchan Stickers
패션	Apple Sticker Pack	August The Friendly Polar Bear Stic…	AYAKA
게임	애플 2 스티커 팩	Aussie	AYAKA Stickers
가족	AppointmentAnimalSticker	Austen the Bulldog	AYANO Stickers
영화 및 TV	April Fools Fleas	Austin's Stickies	Ayi The Deer! Stickers
음악	Aquarium Visit Fish and Sea Life Sti…	Australian Stickers	AYUMI Stickers
인물	Aquarius the harmony boy stickers	Autumn & Halloween Stickers	Azalea The Sweetie Yellow Chick St…
장소 및 사물			
스포츠 및 여외 활동			

애플 이모티콘(스티커) 샵의 카테고리

이렇게 큰 시장 규모에도 불구하고, 애플 아이메시지는 국내 이모티콘 작가에게는 잘 알려져 있지 않은 미지의 영역이기도 합니다. 사용자 특성상 주 시장이 북미권이라는 점을 고려하였을 때, 주로 영어로 이모티콘이 제작되어야 하며, 북미권의 이모티콘 코드를 잘 이해해야지만 어느 정도 수익을 거둘 수 있습니다. 또한, 북미권에서 선호하는 캐릭터나 이미지 특성과 한국에서 선호하는 캐릭터 특성 및 색감이 크게 다르다는 점도 국내 작가에게는 하나의 큰 장벽으로 작용하고 있습니다.

애플 아이메시지는 동남아(특히 베트남) 쪽에서 라인이나 카카오톡 이모티콘을 도용하여 올리는 사례가 심심찮게 발생하고 있으며, 이 경우 애플 아이메시지를 통하여 저작권 위반 신고를 해야 합니다. 다만, 저작권 위반 신고의 경우 전부 영어로 신고해야 하고, 담당자와도 이메일을 통해 영어로 소통해야 하는 점이 매우 불편합니다. 그래도 자신이 만든 이모티콘이 허락 없이 그대로 애플 아이메시지에서 판매되고 있는 것을 발견한다면, 반드시 신고하여 더 이상 추가적인 피해를 막아야만 합니다.

TIP : 저작권 위반 신고 방법

(사이트 주소: www.apple.com/kr/legal/intellectual-property/)
권리 침해 배상 청구 → 앱 스토어에 접속하여 각 단계에 따라 신고를 접수(신고 접수는 영어로만 가능)

대부분의 불법 도용자는 신고를 받는 즉시 이모티콘을 내리는 것이 일반적이긴 하지만, 그렇지 않을 경우 작가가 직접 애플 저작권 팀에 이메일로 왜 이 이모티콘 저작권이 내게 있는지를 상세히 설명해야 합니다. 필자 경험상, 도용한 이모티콘이 내려간 이후 법적 보상 등은 따로 이루어지지 않는 것으로 보입니다.

애플 아이메시지는 이모티콘을 제작하여 신청하면 약 2~4주간의 심사 기간을 거쳐 승인 여부를 알려 주며, 승인되지 않는다고 하더라도 구체적으로 어떤 부분을 수정해 달라는 요청을 보내 줍니다. 신청되는 대다수의 이모티콘이 승인되는 것으로 알고 있으며, 따라서 매우 많은 이모티콘이 매일같이 출시되고 있습니다.

😊 라인

라인의 경우, 국내 작가들에게도 매우 친숙한 플랫폼으로 이모티콘 시장이 매우 활성화되어 있습니다. 일본이 가장 큰 시장으로 라인 이모티콘 매출액의 절반 이상을, 대만이 약 15% 정도를 차지한다고 알려져 있는데, 캐릭터 강국이 일본 시장이 주요 타깃인 만큼 매우 다양하고 퀄리티 높은 이모티콘이 많이 출시되어 있습니다. 라인은 애플 아이메시지와 마찬가지로 이모티콘 신청 후 2~4주간의 심사 기간을 거치며, 승인되지 않는다고 하더라도 구체적으로 어떤 부분을 수정해야 하는지 알려 주기 때문에 그 부분만 수정, 반영하여 재신청하면 대부분 승인됩니다. 따라서 애플 아이메시지와 마찬가지로 매우 많은 이모티콘이 출시되어 있어 경쟁이 아주 치열합니다. 라인 이모티콘 국내 시장은 매우 작기 때문에, 탑 랭킹 안에 든다고 하더라도 국내 매출은 하루 몇만 원에 불과합니다. 따라서 라인을 제대로 노리기 위해서는 일본 시장 공략이 중요합니다.

☺ 카카오톡

카카오톡은 국내에서 가장 대중화된 메신저 앱으로서 국내에서 가장 큰 이모티콘 마켓을 가지고 있습니다. 애플 아이메시지나 라인과는 다른 운영 방침을 갖고 있으며, 타 메신저보다 퀄리티 있는 이모티콘을 판매하기 위하여 엄격한 승인 심사제를 가지고 있습니다. 애플 아이메시지와 라인의 경우, 심사 신청 후 미승인이 난다고 하더라도 미승인이 난 사유를 알려 주며, 그것에 따라 수정, 재신청하면 결국에는 승인될 확률이 높습니다. 하지만 카카오는 미승인이 나더라도 그 이유를 별도로 알려 주지 않으며, 상품성, 차별성 등 카카오의 심사 기준에 따라 판매될 수 있는 이모티콘을 엄격하게 선발하고 있습니다. 업계에 따르면 현재 카카오톡 이모티콘 승인율은 채 10%가 안 되는 것으로 추정하고 있습니다.

카카오톡에서는 상품성, 차별성이 뛰어나고 현 트렌드에 맞는 이모티콘을 출시함으로써 작가에게 돌아갈 수 있는 최소 수익을 보장하고, 이모티콘 시장의 성숙도를 높이고자 이러한 노력을 기울이고 있습니다. 승인된 이후에도 이모티콘 수정 및 고도화 작업을 거쳐야 하며, 승인된 후 실제 출시되기까지는 평균적으로 3~4개월 정도 소요됩니다.

TIP : 카카오톡 이모티콘 출시 프로세스

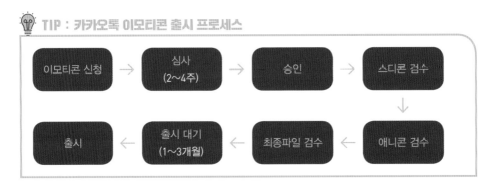

실전 이모티콘 만들기

승인된 이후에는 곧바로 출시가 가능한 애플 아이메시지나 라인과는 달리 카카오톡은 승인 이후에도 출시까지 여러 프로세스가 있습니다. 앞서 설명한 바와 같이, 카카오톡은 이모티콘이 승인된 이후에도 수정 및 고도화 작업을 거쳐 출시까지는 평균 3~4개월이 걸립니다.

심사를 신청하는 데 있어 메신저 플랫폼별 가장 큰 차이는 완전히 출시 준비된 상태에서 심사를 신청하느냐 아니면 이모티콘 콘셉트 정도로 설명 가능한 상태에서 심사를 신청하느냐에 대한 부분입니다.

애플 아이메시지와 라인은 심사 승인 이후 바로 이모티콘의 상업적 판매가 가능하므로 모든 것이 다 준비된 상태에서 신청하여야 합니다. 하지만 카카오톡은 심사 때 모든 것을 완벽한 상태로 준비하여 신청할 필요는 없습니다. 예를 들어, 스티콘(움직이지 않는 이모티콘)은 출시될 때 32종의 이모티콘과 선물 이미지, 썸네일, 아이콘 등 카카오톡 이모티콘이 작동하기 위한 여러 가지 이미지가 필요하나, 승인 심사 때는 딱 24종만 가지고 심사를 진행합니다. 애니콘(움직이는 이모티콘)의 경우에도 스티콘 21종, 애니콘 3종만 만들어서 심사를 진행하고, 승인 후에 나머지 스티콘 21종을 애니콘으로 바꾸는 작업을 진행하면 됩니다.

초밥이, 2017, ©Copin, 카카오 이모티콘 제안에 필요한 이미지

TIP : 애플 아이메시지 vs 라인 vs 카카오 수익 배분표

(1) 애플 아이메시지(애플 3 / 작가 7)
(2) 라인(앱 스토어 또는 구글 플레이 스토어 30%를 제외하고 나서, 라인 3 / 작가 7)
(3) 카카오(앱 스토어 또는 구글 플레이 스토어 30%를 제외하고 나서, 카카오 5 / 작가 5)

애플 아이메시지의 경우 이모티콘 판매액의 30%를 앱 스토어에서 가져가며, 70%를 원작자가 가집니다. 라인의 경우 판매액의 30%를 앱 스토어 또는 구글 플레이 스토어에서 가져가며, 나머지 70%를 3:7로 각각 라인과 원작자가 나누게 됩니다. 카카오톡 이모티콘도 마찬가지로 30%를 우선 앱 스토어 또는 구글 플레이 스토어에서 가져가며 나머지 70%를 카카오와 원작자가 절반씩 나눕니다. 카카오톡은 사용자가 무료 초코로 구입하느냐 유료 초코로 구입하느냐에 따라서도 배분율이 약간씩 차이가 나서, 대략 이모티콘 판매액의 1/3을 원작자가 가져간다고 이해하면 빠를 것입니다.

 SUMMARY : 플랫폼별 특성은 다음과 같다!

플랫폼	카카오톡	라인	애플 아이메시지
주요 시장	대한민국	일본, 대만 및 동남아시아	북미권 및 전세계
일일 이모티콘 출시 건수	적음 (보통 5건 이하)	많음 (제한 없음)	많음 (제한 없음)
이모티콘 심사 특성	카카오에서 심사 통과된 이모티콘만 출시 가능	최소한의 요건(폭력성, 사회적 이슈 등)만 충족하면 누구나 출시 가능	최소한의 요건(폭력성, 사회적 이슈 등)만 충족하면 누구나 출시 가능
이모티콘 개수	스티콘: 32개 애니콘: 24개	스티콘: 8/16/24/32/40개 애니콘: 8/16/26개	제한 없음
가격 설정	2,200원 (사운드콘과 큰 이모티콘은 3,300원)	1,100~5,500원	무료~약 백만 원까지 선택 가능
필요 파일	이모티콘, 썸네일, 아이콘, 선물 이미지	이모티콘, 썸네일, 아이콘	이모티콘, 썸네일, 아이콘(아이폰 종류별로 전부 필요), 사용 이미지
수익 배분	애플/구글: 30% 기카오: 35% 작가: 35%	애플/구글: 30% 라인: 약 20% 작가: 약 50%	애플: 30% 작가: 70%
시장규모 (업계 추산)	약 1,000억 원	약 3,000억 원	3,000억 원 이상

광고형 이모티콘 :

여기서는 대중적으로 판매되는 일반 유료 이모티콘이 아닌, 기업에서 홍보 목적으로 사용하는 광고형 이모티콘에 대해서 간단하게 이야기하고자 합니다. 본인이 이모티콘을 만들어서 판매할 때, 해당 상품을 기업에서 광고 목적으로 대량으로 구입하는 경우도 있으니 알아 두시면 좋습니다.

😊 비즈 이모티콘

광고용 이모티콘은 현재 카카오톡에서만 주로 활성화되어 있으며, 크게 비즈 이모티콘과 브랜드 이모티콘으로 나눕니다. 비즈 이모티콘은 작가들이 유료로 판매하는 이모티콘을 개인 혹은 기업이 광고를 목적으로 대량으로 구매할 수 있는 상품입니다. 유료로 개인이 구매하는 경우 사용 기한이 무제한인 데 비해, 비즈 이모티콘은 사용 기간이 30일 혹은 60일로 제한되어 있습니다. 최소 구입 수량은 100개부터이며, 가격은 일반 이모티콘보다 약 10~20% 정도 저렴합니다. 비즈 이모티콘을 구입하면 엑셀 파일로 된 이모티콘 쿠폰 번호가 지급되며, 해당 쿠폰 번호를 카카오톡 이모티콘 페이지에서 입력하면 이모티콘을 다운로드받을 수 있습니다. 쿠폰 번호는 60일 동안만 유효하므로 60일 안에는 반드시 사용해야 하며, 쿠폰 번호 등록 시점으로부터 30일 혹은 60일 동안 사용할 수 있습니다.

😊 브랜드 이모티콘

하지만 이미 출시된 이모티콘이 아니라 기업에서 직접 이모티콘을 만들고 싶은 경우에는 어떻게 해야 할까요? 이모티콘 제작 시 자사의 캐릭터를 사용하거나 제품을 넣어 브랜딩을 강화하고 싶은 기업의 수요도 분명 존재할 텐데, 이 경우에는 카카오톡 브랜드 이모티콘을 이용하면 됩니다.

카카오톡 브랜드 이모티콘이란, 기업에서 홍보를 목적으로 소비자가 일정 행동을 취할 경우 사은품으로 유니크한 이모티콘을 지급해 주는 광고 상품을 의미합니다. 기업에서 자유롭게 캐릭터 선정부터 모션 기획까지 할 수 있으므로, 자사의 캐릭터나 로고를 집어넣을 수 있고 세상에서 유일한 이모티콘을 고객에게 제공 가능하다는 점에서 하나의 뛰어난 브랜딩 수단이라고 할 수 있습니다.

카카오톡 브랜드 이모티콘은 (1)친구 추가형, (2)앱 로그인형, (3)자유 지급형, (4)쿠폰형 총 4가지의 광고 상품으로 구성되어 있으며, 각각의 광고 상품은 전혀 다른 특성을 지니고 있습니다.

카카오톡 브랜드 이모티콘 중 친구 추가형의 경우, 플러스 친구를 맺으면 무료 이모티콘을 지급한다.

'친구 추가형'은 사용자가 카카오 플러스 친구를 맺으면 이모티콘을 지급하는 광고 상품인데, 기업 입장에서는 이모티콘을 매개로 향후 마케팅으로 활용할 수 있는 카카오톡 플러스 친구를 늘릴 수 있습니다. 최소 집행 금액은 1,000만 원부터이며, 1,000만 원 부킹 시 약 2만~2만5천 명 정도의 친구를 확보할 수 있습니다. 여기서 정확한 숫자가 아니라 2만~2만5천 명이라고 말하는 이유는, 이모티콘의 사용 기간(30/90/180일)과 이모티콘 종류(스티콘/애니콘/움직이는 스티콘)에 따라 개당 이모티콘 단가 차이가 존재하므로, 어떤 종류의 이모티콘과 사용 기간을 선택하는지에 따라 배포 가능 인원수에 다소 차이가 있기 때문입니다.

다음은 '앱 로그인형'이라고 하여 for Kakao 앱에 로그인하면 이모티콘을 지급하는 형태입니다. 친구 추가형과 마찬가지로 최소 집행 금액은 1,000만 원이며, 친구 추가형보다는 개당 이모티콘 배포 비용이 다소 비쌉니다.

세 번째는 '자유 지급형'이라는 광고 상품으로, 별도의 이벤트 페이지를 개설하여 이모티콘을 지급합니다. 별도의 이벤트 페이지에서는 사용자가 광고 동영상을 시청하거나, 퀴즈를 풀거나, 회원가입을 하는 등의 특정 액션을 해야만 이모티콘을 다운받을 수 있는데, 자유 지급형은 친구 추가형, 앱 로그인형에 비해서 개당 이모티콘 배포 가격이 2배 이상 비싸다는 차이가 있습니다.

마지막으로 '쿠폰형'은 3개월 동안 자유롭게 어떤 이벤트에도 활용할 수 있는 상품입니다. 비즈 이모티콘과 마찬가지로 쿠폰 번호가 지급되며, 광고주는 해당 쿠폰 번호를 가지고 오프라인 이벤트를 포함하여, 각종 원하는 이벤트에 사용할 수 있습니다. 대표적인 예로, 올리브영 매장 혹은 파리바게뜨 매장에서 얼마 이상 구입 시 이모티콘을 지급했던 이벤트를 들 수 있습니다.

이처럼 광고형 이모티콘은 일반 이모티콘과는 다르게 기업에서 홍보 목적으로 제작 또는 배포하는 이모티콘입니다. 사용자 입장에서는 무료로 유니크한 이모티콘을 받고 싶다면, 브랜드 이모티콘을 적극적으로 활용해 봅니다.

코핀에서 제작한 신용보증기금, 행정안전부 브랜드 이모티콘 선물 이미지

CREATE

EMOTICONS

Part
02

기획하기

......

PART1에서 이모티콘과 관련한 전반적인 내용을 살펴보았습니다. 이번
PART에서는 이모티콘 '기획'에 관한 내용을 알아보도록 하겠습니다. 먼저
기획은 '어떤 이모티콘을 만들지'에 관한 방향을 정하는 것이라는 점에서 굉
장히 중요하고 신중함이 요구되는 과정이라고 할 수 있습니다. 축구 시합에
비유해 볼까요? 축구는 선수만으로는 상대를 이기기 쉽지 않습니다. 상대
팀의 장단점을 파악한 뒤, 우리 팀이 가지고 있는 능력을 상황에 맞게 펼칠
수 있는 전략이나 전술을 가지고 시합에 나가야 합니다. 축구 시합에서 승리
하기 위해 '선략이나 전술을 짜는 것'이 바로 '기획의 과정'이라고 말할 수 있
습니다. 이모티콘으로 내가 의도한 목표를 달성하기 위해 어떤 기획 과정을
거쳐야 하는지 필요한 내용을 하나하나 살펴보도록 하겠습니다.

이모티콘(Emoticon)을
기획하기에 앞서 꼭 알아야 할 사항 :

☺ 이모티콘이란?

메신저 프로그램 및 SNS 등 일상생활 속에서 흔히 쓰고 있는 '이모티콘'의 사전적 정의
는 '감정'을 뜻하는 'Emotion'과 '유사 기호'를 의미하는 'Icon'이 합쳐서 만들어진 말입
니다. 우리말로 순화된 표현으로는 '그림말'이라고 할 수 있습니다.

꽃말, 2017, ©Copin

사전적 정의가 그렇다면, 저는 메신저상에서 말(언어)로 표현하기 힘든 '감정'이나 '재미'
를 전달할 수 있는 보조 수단을 '이모티콘'이라고 정의하고 싶습니다. 이모티콘이라는
신조어에 'Emotion'이 붙는 이유도 이모티콘의 고유한 역할이 '감정적인 의미 전달'에
있기 때문입니다.

아라찌, 2017, ©Copin

첫 번째 그림을 보면, 캐릭터가 바쁘게 뛰어가고 있습니다. 여기서 그림을 보는 이가 '바쁘
다'라는 생각을 하게 되는 것은 캐릭터가 땀을 흘리고 시계를 보면서 가고 있기 때문입니
다. 거기에 한 손에는 가방을 들고 있습니다. 여기서 우리는 '출근 시간에 늦지 않게 캐릭터

가 바쁘게 달려가고 있구나'라는 의미를 이 한 장의 이미지 안에서 확인할 수 있습니다.
마찬가지로, 두 번째 이미지에서는 글이 잘 써지지 않아 찡그리고 있는 표정을 통해 화가
나 있다는 감정을 느낄 수 있고, 세 번째 이미지에서는 마술 모자에서 날아가는 비둘기를
보며 밝게 웃는 표정을 볼 수 있습니다. 이처럼 언어로 표현되지 않아도 다양한 감정을 직
관적인 이미지로 표현할 수 있는 수단이 바로 이모티콘입니다. 이모티콘만으로 '다양한 감
정'을 담은 의미를 주고받을 수 있기 때문에 감정적인 공감을 형성할 수 있습니다.

왼쪽부터, 아기드레곤 링이, WOW전대, 미호미, 2017, ©Copin

☺ 스티콘 VS 애니콘

일반적으로 사용하고 있는 이모티콘 중에서, 캐릭터가 재밌는 동작을 보여 주며 움직이
는 이모티콘과 아무런 움직임 없이 멈춰 있는 이미지로 표현된 이모티콘을 본 적 있을
겁니다. 이모티콘을 움직임 여부에 따라 분류하고 정의한다면, 멈춰 있는 정지 이미지
로 의미를 전달하는 '스티콘'과 나타내고자 하는 의미를 움직임으로 표현한 '애니콘'으
로 구분할 수 있습니다.

코코와 바바, 2015, ©Copin

스티콘은 멈춰 있는 이모티콘으로, 한 장의 이미지 안에서 의미를 전달해야 한다는 점

에서 그 의미가 정확하게 표현되어 있어야 합니다.

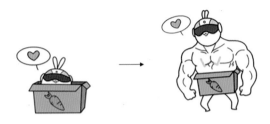

WOW전대, 2017, ©Copin

애니콘은 처음과 끝의 연속적인 이미지가 하나의 움직임으로 구성된다는 특징이 있습니다. 예시 그림과 같이 박스 안에 있던 캐릭터가 박스에서 나왔을 때, 일반적인 예상과는 다르게 근육질의 몸을 가지고 있습니다. 이처럼 애니콘은 연출적 요소를 포함하고 있습니다.

☺ 감정 이모티콘 VS 아이디어 이모티콘

스티콘과 애니콘 외 또 다른 분류로는 캐릭터의 감정 표현이 중심이 된 이모티콘과 감정 표현보다는 번뜩이는 아이디어나 재치 있는 표현으로 재미를 전달하는 이모티콘으로 나눌 수 있습니다. 즉, 창작자가 이모티콘으로 표현하려고 했던 의도에 따라, '감정 중심 이모티콘', '아이디어 중심 이모티콘'으로 분류할 수 있습니다.

왼쪽부터, 미호미, 시바직장인 시로, 스위츠병아리 야미, 아기드레곤 링이, 코코와 바바, 2015-2018, ©Copin

감정 이모티콘은 희로애락 같은 기본적인 감정을 나타내는 것을 목적으로 하는 이모티콘이며, 전체 이모티콘에서 약 70% 정도를 차지하고 매우 보편적으로 사용되고 있습니다.

왼쪽부터, 더 격렬하게 아무것도 안 하고 싶다, 양키(I want you), 자동번역 이모티콘, 말동무, 솔로부대, 2017, ©Copin

아이디어 이모티콘은 인간의 감정을 주로 표현하지는 않으나 독특한 아이디어로 매력을 어필하는 이모티콘입니다. 주로 개그 요소나 패러디, 인터넷상에서 자주 쓰는 신조어 등을 소재로 삼거나 독특한 아이디어가 중심이 된 차별성을 더 강조한 이모티콘입니다.

감정 이모티콘은 예시 이미지에서 보듯 대체로 선이 조금 더 굵고, 다양하고 예쁜 색상과 캐릭터의 귀여움이 어우러졌다는 특징이 있습니다. 그와는 다르게 아이디어가 중심이 된 이모티콘의 미적 특징은 좀 더 가는 검은색 선과 흰 색상으로 채워져 있거나 '대충 그린' 표현 등 기존의 이모티콘 캐릭터가 가졌던 형식적인 틀에서 벗어나 있음을 알 수 있습니다.

☺ 연령별 선호하는 스타일과 최근 유행하는 이모티콘의 경향

카카오 이모티콘 샵에서 이모티콘 인기 순위를 보면 전체 순위와 함께 세대별 순위를 확인할 수 있는 카테고리가 있습니다. 여기서 10~20대에서 인기 있는 이모티콘과 30~40대에서 인기 있는 이모티콘의 차이를 확인할 수 있습니다. 10~20대는 '아이디어' 이모티콘을 선호하는 성향이, 30~40대는 귀여움과 감정 표현을 강조한 '감정 중심' 이모티콘을 선호하는 성향이 있음을 알 수 있습니다.

스마트폰이 처음 보급되기 시작할 즈음 인기 있던 이모티콘과 10여 년이 지난 지금 유행하는 이모티콘은 스타일 면에서 많은 차이가 있습니다. '대충 만든 이모티콘'이 인기를 얻기 시작하고, 잘 알려진 '짤'이나 다른 콘텐츠의 패러디 등 'B급 감성'을 담은 이모티콘이 젊은 층을 중심으로 점차 확산되어 가고 있는 트렌드의 흐름을 이해하고 기획에 들어가면, 성공 가능성이 더 높은 이모티콘을 만들 수 있습니다. 기존의 단순 의미나 감정 전달이라는 기능의 한계성을 벗어나 다양한 형식과 실험적인 시도를 담은 이모티콘을 구상해 보는 것도 캐릭터 디자인만큼 중요한 '매력적인 이모티콘' 만들기의 첫걸음입니다.

© Copin Comm.

대충 만든 코쟁이곰, 2017, ©Copin

– '대충 만든 이모티콘'이 유행하기 전 코핀에서 처음 시도한 대충 만든 콘셉트의 '대충 만든 코쟁이 곰'

이모티콘의
보편성과 차별성 :

☺ 보편성

앞서, 이모티콘의 정의가 감정적 의미 전달에 중점을 두고 있다고 언급하였습니다. 이처럼 감정이나 특정한 의미를 전달한다는 측면에서 부합되는 특성을 바로 '보편성(普遍性)'이라고 할 수 있습니다. 어떤 이모티콘을 메신저에서 사용했을 때, 그 이모티콘을 사용한 사람의 의도가 상대방에게 그대로 전달되어야 하기 때문에, '기획하기' 단계에서 보편성은 중요한 의미를 가집니다.

스위츠병아리 야미, 2017, ©Copin

〈스위츠병아리 야미〉라는 캐릭터를 예로 들어 보겠습니다. 왼쪽 상단에 야미가 몹시 화가 난 표정을 하고 있습니다. 머리에 불이 나고 김이 나는 '기호'가 그 의미를 더 신명하게 드러냅니다. 다른 그림도 자세히 보시면, 동작을 보여 주는 그림 외에 주변에 들어가는 만화적인 '기호'를 통해 그 의미를 더욱 확실하게 전달하고 있습니다. 졸린 표현을 나타내는 기호, 음표나 하트, 물음표 같은 기호의 활용이 그렇습니다. 오른쪽 하단의 마지막 이미지를 보면 '덥다'는 의미를 전달하고 있는데, 태양을 나타내는 기호와 흘러내리는 땀, 부채라는 소품, 그리고 캐릭터의 색을 붉게 변경해 태양 볕 아래 벌겋게 달아올랐다는 의미를 극명하게 전달합니다.

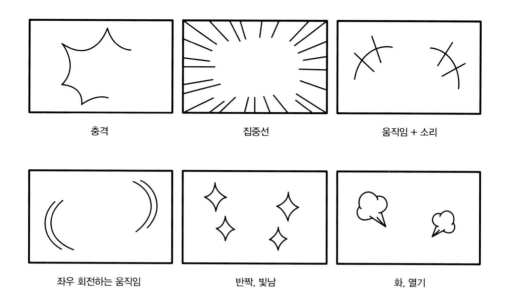

| 충격 | 집중선 | 움직임 + 소리 |

| 좌우 회전하는 움직임 | 반짝, 빛남 | 화, 열기 |

이처럼 만화적인 기호의 활용은 더 직관적인 의미 전달에 유용합니다. 세계에서 공통으로 사용하고 있는 일반적인 기호나 '만화의 기호'를 통해 보편성을 가지면서도 직관적이고 재미있는 동작이나 행동을 끊임없이 구상해 봅니다.

왼쪽 위부터, 의태냥이, WOW전대, 아기드레곤 링이, 자만토끼, 시바직장인 시로, 말동무, 2017-2018, ©Copin

일반적인 기호나 만화적인 기호보다 더 즉각적이면서 더 정확한 의미 전달 기호는 바로 '문자'입니다. 위 예시 그림에서 보듯 캐릭터의 동작과 문자를 더하여, 창작자의 의도를 더욱 선명하게 표현하고 있습니다. 거기에 만화적인 기호까지 더해지면서 의미를 구성하는 요소가 더 풍성해졌습니다. 그러나 재치 있는 멘트나 정확한 의미 전달을 위해 '문자'의 활용은 유용하지만, 빠르게 흘러가는 메신저의 대화 안에서 사용되는 이모티콘이라는 점에서 텍스트를 절제해 사용하면서, 과장된 캐릭터의 행동과 만화적인 기호를 활용해 의미를 전달하는 방법을 꾸준히 터득해 나가기를 권합니다.

왼쪽부터, 시바직장인 시로, WOW전대, 자만토끼, 2017-2018, ©Copin

마지막으로 패러디나 유행하는 이미지, 특정한 장르 등 인지도 높은 레퍼런스를 활용해 보편성을 확보하는 방법이 있습니다. 왼쪽 첫 번째 이미지인 〈시바직장인 시로〉는, '시바견 짤'이라 불리는 이미지를 패러디하고 있습니다. 〈WOW전대〉는 '특촬물' 또는 전대시리즈의 장르를 차용해 이모티콘 캐릭터로 표현하고 있고, 〈자만토끼〉도 귀여운 얼굴로 '짱시름'이라는 글씨를 들고 있는 인터넷상의 이미지를 가져와 특정한 의미를 전달하고 있습니다. 이렇듯 유행하는 이미지의 패러디나 문화 상품 전반의 특정 장르 등 인지도 높은 레퍼런스를 이용해 이모티콘을 기획하면, 사용자에게 친숙하게 다가가면서도 재미있는 이모티콘을 만들 수 있습니다.

TIP : 패러디(Parody)는?

이모티콘에서 사용되는 패러디는 대체로 인터넷상에 널리 알려진 '짤 혹은 움짤'로 불리는 이미지, 유행어, 은어, 영화, 만화, 게임, 뮤직비디오 등 대중문화 전반을 '흉내 내기'의 대상으로 합니다.

어팬저씨 시리즈에서의 패러디

패러디는 그 속성상 대중에게 널리 알려진 작품을 대상으로 삼고 흉내 내어, 재밌고 과장되게 표현함으로써 그 의미를 대중에게 전달하는 방식이라 할 수 있는데, 패러디에 깔려 있는 풍자적 속성, 흉내 내기의 재미 요소와 동시에 그 의미를 즉각적으로 전달할 수 있다는 점에서 이모티콘에서도 심심찮게 패러디의 특성을 찾아볼 수 있습니다. 저도 실제 작업에서 패러디를 즐겨 사용하고 있습니다.

패러디는 널리 알려진 영화나 유행하는 이미지 등 누구나 알만한 것을 대상으로 해야 합니다. 만약, 유명한 영화를 패러디해 이모티콘을 만들었다면, 이 이모티콘이 어떤 영화의 패러디인지 누구나 알 수 있어야 합니다. 그래야 의미와 재미가 전달될 수 있고, 그렇게 원작이 드러나야 패러디라고 할 수 있습니다.

반면, 원작을 숨겨야 하는 트레이싱(Tracing)을 패러디로 오해하지 않도록 주의합니다. 원본 그림을 그대로 베껴 그리는 트레이싱은 표절입니다. 지금은 판매 중지되었지만, 실제로 유명한 만화의 펜 선을 그대로 베껴 그려 멈춰 있는 이모티콘을 만들었던 사례가 있었는데요. 트레이싱은 작가 스스로의 양심을 속이고, 원작지와 사용자를 기만하는 행동이라는 인식을 가져야 합니다.

☺ 차별성

사용자의 보편적인 감정을 어떻게 이미지화해 전달할 것인가의 고민이 보편성이었다면, 차별성(差別性)은 새롭게 만들어낸 이모티콘이 어떻게 '새로운, 유일한, 특별한' 가치를 담고 있을 것인가의 고민이라고 할 수 있습니다.

[예시 ① 〈꽃말〉 이모티콘]

꽃말, 2017, ©Copin

위 이미지는 〈꽃말〉이라는 이모티콘입니다. 귀여운 여자아이 캐릭터와 시네라리아 꽃, '즐겁다'라는 꽃말의 의미가 더해져 메시지를 전달하는 이모티콘입니다. 귀여운 캐릭터가 나와서 '너무 즐거워!'라고 말하는 이모티콘은 흔하고 보편적인 형태의 이모티콘이라 할 수 있습니다. 익숙한 이모티콘에 꽃과 꽃말의 의미가 더해져 하나의 구성을 이루니 기존에 없던 형식의 이모티콘이 만들어졌습니다. 따로 떨어져 존재하던 각각의 요소들, 즉 귀여운 캐릭터 + 꽃말이라는 새로운 조합은 신선하다는 느낌을 줍니다. 여기서 차별성이 생깁니다. 차별성을 '창의성'으로 바꾸어 쓸 수도 있는데요. 기존에 있던 각각의 개별적인 요소들의 새로운 조합으로 전혀 다른 새로운 의미를 만들어내는 것이라 할 수 있습니다.

[예시 ② 〈GTA 연애이야기〉 이모티콘]

다른 예를 한 번 보겠습니다. 아래 이미지는 카카오톡 이모티콘 샵에 오픈되었던 〈GTA 연애이야기〉라는 이모티콘입니다.

GTA 연애이야기, 2017, ©Copin

'힘든 그대에게..' 뒤에 이어질 말이 자동으로 선택되고, 그 의미에 맞게 캐릭터가 반응을 하는 방식의 이모티콘입니다. 그림에서 '치킨이라도'라는 말이 이어져 치킨을 내미는 캐릭터의 동작이 나타나고, 그에 맞게 의미를 전달하고 있습니다. 주어진 상황에서 뒤이어 올 말을 선택하고 다음 상황이 벌어지는 방식, 이거 어디선가 많이 본 듯한 형식 아닌가요? 맞습니다. 〈GTA 연애이야기〉는 연애 시뮬레이션 게임의 형식을 가져와 만든 이모티콘입니다. 〈꽃말〉과 마찬가지로, 게임의 한 형식을 가져오니 무엇인가 새롭다는 느낌을 줍니다. '힘든 그대에게.. 치킨이라도'라는 텍스트와 함께 그냥 치킨을 내미는 캐릭터만 있었다면 기성 이모티콘과 비교해 전혀 새로울 것이 없었을 텐데, 게임 형식을 가져오니 다른 이모티콘에서는 없었던 나름의 재미와 특별함이 생겼습니다.

[예시 ③ 〈노래로 말해요〉 이모티콘]

다음 소개할 이모티콘은 2018년 12월에 카카오톡 이모티콘 샵에 서비스되어 많은 관심과 인기를 끌었던 〈노래로 말해요〉라는 이모티콘입니다.

노래로 말해요, 2018, ©Copin

'노래로 말해요'라는 타이틀처럼, 대중적으로 널리 알려진 노래 가사의 일부를 상황에 맞게 변형해, 감정 표현이나 의미 전달을 하는 게 가장 큰 특징입니다. 현재 이모티콘 구매와 트렌드를 주도하고 있는 20대인 90년대 생을 타깃으로 하여, 공감할 만한 노래와 가수를 패러디하고 있다는 점도 주목할 만합니다. B급 감성의 노란색 캐릭터가 각 가수의 춤 동작이나 모션, 의상 및 소품 등의 특징을 패러디하고 있다는 점에서 이모티콘 사용자의 재미와 웃음을 자아냅니다. 또한, 노래방에서 흔하게 접했던, 반주에 맞게 가사에 색이 칠해지는 형식을 이모티콘에서도 그대로 재현하고 있습니다. 정리하면, 〈노래로 말해요〉도 공감 가는 과거 히트곡과 가수의 패러디, '대충 그린' 듯한 캐릭터,

노래방 자막 형식 등 여러 요소를 조합해 새롭고 창의적인 아이디어를 담고 있는 이모티콘이라 할 수 있습니다.

기존 방식의 흔한 이모티콘이 아니라 〈꽃말〉과 〈GTA 연애이야기〉, 〈노래로 말해요〉처럼, 주변에 흔하게 볼 수 있는 각각의 요소들과 아이디어들을 조합해 차별성 있는 이모티콘을 구상해 봅니다.

☺ 낯설지만 차별성 있는 이모티콘

이모티콘의 일반적인 정의에서 더 많이 벗어나 '차별성 있는 아이디어'만으로 대중의 이목을 끄는 이모티콘이 있습니다. 차별성만을 중심으로 기획된 이모티콘이기 때문에 '익숙함'보다는 '낯선' 느낌을 받습니다. 〈한자 캘리그라피〉, 〈한/영 자동 번역기〉, 〈I WANT YOU TO TAKE IT EASY〉가 바로 '낯설지만 차별성'을 강조한 이모티콘입니다. 모두 카카오 이모티콘 샵에 출시된 이모티콘인데, '낯선' 한계에도 불구하고 어떻게 상품화될 수 있었는지 살펴보겠습니다.

[예시 ① 〈한자 캘리그라피〉 이모티콘]

한자 캘리그라피, 2018, ©Copin

먼저, 〈한자 캘리그라피〉를 보시면 의미 전달의 중심에 '한자'가 위치해 있습니다. 수요는 적을지 모르나, 한자에 익숙한 세대에 속하는 분들이 관심을 가질 법한 이모티콘입니다. 여기서 한자 표현을 가져오는 것에 그치지 않고 한발 더 나아가, 캘리그라피라는 요소와 동양화풍의 주변 그림을 더해 한자가 담긴 표현을 더욱 풍성하게 꾸며 주고 있습니다.

[예시 ② 〈한/영 자동 번역기〉 이모티콘]

Hi, it's nice to meet you.

안녕하세요. 만나서 반갑습니다.

한/영 자동 번역기, 2018, ©Copin

〈한/영 자동 번역기〉는 특별할 것이 없는 단순한 우리말과 간단한 표현을 영어로 전환해 주는 이모티콘입니다. '우리말의 표현'을 영어로 자동 번역해 준다는 그 작고 평범한 아이디어가 카카오에 제안된 이모티콘으로서는 최초로 시도된 형식이었기 때문에, 일반적인 이모티콘과 비교할 때 충분한 차별성을 가지고 있었습니다.

I WANT YOU TO TAKE IT EASY, 2018, ©Copin

〈I WANT YOU TO TAKE IT EASY〉도 간단한 영어 표현이 들어간 이모티콘입니다. 여기서 'I WANT YOU'라는 유명한 1차 세계대전 모병 포스터 명언과 'TAKE IT EASY'라는 갱스터 영화의 대사를 패러디하고 있다는 차이가 있습니다. 또, 북미권에서나 어울릴 법한 색감과 그림체를 의도적으로 차용해 차별성을 극대화하고 있습니다.

〈한자 캘리그라피〉는 한자에 익숙한 세대가 이용하기에 적합하고, 〈한/영 자동 번역기〉는 국내에 거주하고 있는, 영어를 사용하는 외국인을 많이 알고 있는 사람들이 이용하기에 좋으며, 〈I WANT YOU TO TAKE IT EASY〉는 국내에 거주하면서 카카오톡을 이용하는 외국인들을 위해 기획되고 제작되었습니다. 이 세 이모티콘은 비록 수요는 적을지라도 특별한 아이디어로 상품화된 좋은 사례입니다. 이처럼 이모티콘을 기획함에 있어서, 일반적인 생각의 틀에서 벗어나 다양한 시도를 해 보는 것도 자신이 제안한 이모티콘이 승인될 수 있는 좋은 방법입니다. '낯설지만' 차별성을 전면에 내세워 다른 사람이 가 보지 않은 새로운 길을 개척해 나갈 수 있도록 각자 기획 단계에서 충분한 고민을 해 봅시다!

💡 TIP : '낯설게 하기'와 차별성 또는 창의성(Creativity)

'낯설게 하기'라는 용어를 들어본 적이 있으신가요? 지면의 제한으로 깊이 있는 설명은 어렵고, 수박 겉핥기식으로 간단하게 설명하자면, 영화에서 익숙한 장면이나 예측 가능한 이야기가 반복되면 관객은 그 영화에 흥미를 잃어버리게 됩니다. 반대로, 예측하지 못한 방식으로 이야기나 그것을 전달하는 형식을 비틀어 '낯설게' 표현하면, 흥미를 느끼는 동시에 신선한 이야기라고 생각하게 되는 기법을 '낯설게 하기'라고 할 수 있습니다. 이모티콘을 예로 들면, 과거 귀엽고 퀄리티가 높은 캐릭터가 인기를 끌었다면, 요즘 '대충 만든' 이모티콘이 더 관심을 끌고 각광받는 이유도 '낯설게 하기'의 결과라 말할 수 있습니다. 이에 대해 더 깊이 알고 싶은 분은 자료를 검색해 보시길 권합니다. 차별성(창의성)을 설명하기 위해 '낯설게 하기'라는 용어를 가지고 왔는데요. 우리가 어떤 이모티콘을 보고 '신선하다'는 느낌이 들었다면, 그것이 곧 '낯설게 하기'의 결과라 할 수 있습니다.

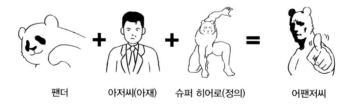

| 팬더 | 아저씨(아재) | 슈퍼 히어로(정의) | 어팬저씨 |

앞으로 자주 인용할 이모티콘 〈어팬저씨〉를 예로 살펴봅시다. 어팬저씨를 이루는 핵심 요소들, 팬더 / 아저씨(아재) / 슈퍼 히어로(정의의 수호자, 정의로운 정신)에서 각 요소들은 특별할 것이 없는 평범한 소재입니다. 그러나 그 익숙한 특성을 한데 모으면 〈어팬저씨〉라는 신선한 캐릭터가 만들어집니다. 이처럼, 주변에 널려 있는 각각의 익숙한 요소를 새로운 카테고리로 묶어 재구성하는 것을 '창의성'이라 할 수 있습니다. '새로운 것'을 만들어내야 한다는 부담감, '창의'라는 말에 주눅 들지 말고, 창의적인 생각을 꾸준히 해 나갈 수 있도록 주변의 익숙한 요소를 잘 관찰하고 틈틈이 메모나 간단한 스케치를 하는 습관을 지니도록 합니다.

SUMMARY : 기획에 들어가기 전에!

1 스티콘을 만들지, 애니콘을 만들지 선택한다.

2 '감정 이모티콘'과 '아이디어 이모티콘' 중 확실한 하나의 스타일을 확정한다.

3 디자인할 이모티콘을 사용할 대상층을 정한다(10∼20대, 30∼40대).

4 감정이나 의미를 어떻게 전달할 것인가 고민한다(보편성).

5 '신선하다'는 느낌을 어떻게 줄 것인지 고민한다(차별성).

캐릭터
스케치 및 콘티 만들기 :

☺ 만들고 싶은 이모티콘을 '한 문장'으로 만들어 보기

할리우드 블록버스터 영화들의 스토리는 이해하기 쉽고, 단순하며, 전형적이라는 특징이 있습니다. 보통은 한 문장으로 스토리 요약이 가능한데, 그것을 보통 하이 콘셉트 High Concept 영화라고 부릅니다. 스티븐 스필버그 감독도 25단어 이내로 전달할 수 있는 이야기가 좋은 이야기의 조건 중 하나라고 말한 바 있는데, 영화의 내용을 간결하게 한 문장으로 요약 가능한 것을 좋은 스토리의 조건으로 꼽는 이유도 영화의 흥행과 직결되기 때문입니다.

한 문장으로 요약 가능한 하이 콘셉트 영화의 특징을 가져와 이모티콘에 접목해 봅시다. 자신이 만들고 싶은 이모티콘이 어떤 것인지 '한 문장'으로 간결하게 서술해 봅니다. 단, 자신이 표현하고 싶은 이모티콘을 한 문장으로 정리할 때까지 간단한 이미지 스케치나 그림 작업은 하지 않고, 명확하게 서술하는 데 집중합니다.

〈어팬저씨〉라는 카카오톡 이모티콘을 예로 들어 보겠습니다.

어팬저씨, 2018, ©Copin

앞서 설명했듯, 〈어팬저씨〉는 '팬더 + 아저씨'를 소재로 하고 있으면서도 정의감에 불타는 성격을 가지고 있습니다. 팬더 눈 주변의 검은 무늬를 화가 날 때 생기는 눈 그림자라는 만화적인 표현으로 변용해 재미를 주었는데, 불의를 보면 가만히 있지를 못하고 늘 분노에 차 있는 모습을 상징적으로 보여 준다고 할 수 있습니다. 이 이모티콘의 '한 문장' 기획안은 이것입니다.

'불의를 보면 참지 못하는, 정의의 아저씨(아재) 팬더가 나오는 이모티콘'

이렇게 만들고 싶은 이모티콘의 가장 핵심적인 내용을 단순하고 이해하기 쉽게 '한 문장'으로 정리해 놓으면, 만들고 싶은 이모티콘의 방향이 훨씬 더 명확해지는 효과가 있습니다. 그렇게 한 줄 기획안이 정해지면, 만들고 싶은 이미지나 특정한 스타일도 자연스럽게 방향이 정해집니다. 이런 식으로 만들어진 이모티콘은 구매자 입장에서 볼 때 더 설득력 있게 다가옵니다. 어려운 단어를 이용해 의미를 부여하고 복잡한 문장을 만드는 것이 아닌, 가장 심플하면서도 직관적이고 이해하기 쉬운 '한 문장'으로 만드는 것이 핵심입니다.

어팬저씨 시리즈 카카오 이모티콘 선물 이미지, 불의를 참지 못하는 팬더 아저씨(아재)라는 콘셉트로 제작한 이모티콘

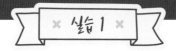

'한 문장'으로 된 기획안 3개를 만들어 봅니다.

01
....
....
....
....

02
....
....
....
....

03
....
....
....
....

☺ 캐릭터 프로필 만들기

앞서 나열한 설명들을 반영한 기획이 어느 정도 잡혔다면, 그다음으로는 이모티콘에 들어갈 캐릭터를 만들어 줍니다. 그림을 그리기 전에 간단한 '캐릭터 프로필'을 만들어 주는데요. 인터넷이나 각종 서적 등 여러 자료를 찾아보면서 만들고 싶은 캐릭터와 관련한 정보를 모은 다음, 캐릭터의 이름, 콘셉트와 관련한 기본 정보와 성격, 특징 등을 서술합니다. 이모티콘 기획안 '한 문장'으로 만들기와는 다르게, 캐릭터의 특성 중심으로 짧게 서술한다는 점에서 차이가 있습니다. 이러한 캐릭터의 기본 정보만 정리해 두어도 이것을 이미지화시켜 나가는 데 많은 도움이 됩니다.

캐릭터 프로필 만들기의 예시로 카카오 이모티콘으로 출시되었던 〈대충 만든 코쟁이 곰〉을 들어 보겠습니다. '코쟁이 곰' 이모티콘의 캐릭터 프로필은 이렇습니다.

"생긴 것처럼 대충대충 유유자적, 적당히 사는 코쟁이 곰입니다. 물 흘러가듯 살아가지만 어딘가 숨겨져 있는 매력이 보입니다. 코쟁이여서 코 모양이 'ㅋ'입니다."

대충 만든 코쟁이 곰, 2018, ©Copin

캐릭터 프로필 내용에 따른 캐릭터의 이미지화가 잘 이루어졌나요? 그럼 다음 캐릭터를 한 번 보겠습니다.

자만토끼, 2018, ©Copin

앞의 이미지는 〈자만토끼〉라는 이모티콘 캐릭터입니다. '자만'이라는 이름에서 드러나 듯, 자만심이 강하고, 교만하고, 예의 없고, 건방지고, 얄미운 캐릭터로 콘셉트를 잡고 이미지화시켰습니다.

앞서 나열한 '자만토끼'의 성격적 특성이, 한쪽 팔을 살짝 걸친 '건방져' 보이는 외형으로 드러나고, 이모티콘 모션과 표현에도 반영되고 있음을 확인할 수 있습니다. 캐릭터 프로필만 정확히 서술해 놓아도 캐릭터 디자인이나 이모티콘에 관한 아이디어는 꼬리에 꼬리를 물고 생겨날 것이니, 스케치에 앞서 캐릭터 프로필 작성을 잊지 않도록 합니다.

☺ 캐릭터 스케치

캐릭터 프로필이 완료되었으면, 그것을 바탕으로 아이디어를 발전시켜 나갑니다. 이 단계에서는 러프하게 떠오르는 캐릭터 이미지나 아이디어를 자유롭게 그려 봅니다.

아이디어를 발전시켜 나가는 단계에서의 러프 스케치, 2018, ©Copin

캐릭터 스케치는 스티콘이나 애니콘 작업을 위해, 정확한 모양새와 캐릭터의 특징이 표현되어 있어야 합니다. 다음 이미지는 카카오 이모티콘 샵에 출시된 '크림여우'의 턴어라운드입니다. 크림여우의 예시 이미지와 같이 캐릭터의 형태가 구상되어 있어야 애니콘이나 스티콘에서 다양한 모습의 움직임 및 포즈를 연출할 수 있습니다.

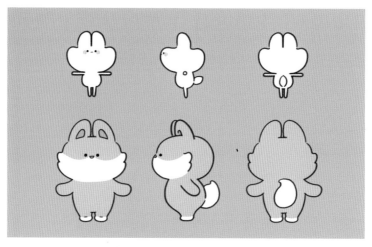

'크림여우' 턴어라운드, 2018, ©Copin

그리고 기획 내용이 어느 정도 정리되었다면, 다양한 모션을 스케치해 놓습니다. 그러면, 이후 콘티 작업이나 애니콘의 모션을 구상하고 방향을 정하는 데 많은 도움이 됩니다.

'어팬저씨' 카카오 이모티콘 모션 러프 스케치, 2018, ©Copin

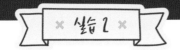

/ 앞서 작성한 기획안 3개 중 하나를 골라 캐릭터 프로필을 작성해 봅니다. /

....

....

....

/ 프로필을 바탕으로 한 캐릭터를 빈 공간에 그려 봅니다. /

[앞면]   [옆면]

[응용 동작]

☺ '기본 감정'과 '콘셉트에 맞는 모션'

캐릭터 기획과 간략한 캐릭터 프로필이 완료되었으면, 24개 이모티콘의 감정이나 모션을 간단한 '단어'로 정리해 봅니다. 예를 들어, 우선은 사람의 기본 감정인 '기쁨, 좋아요' / '분노, 화남' / '사랑' / '웃음'과, 자주 사용하는 '축하' / '잘자' / 'OK' / '힘내', '파이팅' / '놀람' 등 이모티콘에 필요한 요소들을 정리해 봅니다. 거기에 자신이 구상한 콘셉트에 맞는 모션을 정해 총 24종의 '단어'를 만들어 놓습니다.

예시는 '수면바지를 입고 하루 종일 이불 속에서 뒹굴뒹굴하기를 좋아하는 집 강아지'라는 콘셉트의 〈누웡〉이라는 이모티콘 캐릭터입니다.

[기본 감정 예시]

사랑, 좋아요   분노   눈물

웃음   피곤함   힘내, 파이팅

누웡, 2019, ©Copin

[콘셉트에 맞는 모션 예시]

내일의 나에게 맡긴

혼나고 싶어?

취소하면 좋지

집에가자~!

어기적 어기적

대신해 주실 분~!

(잠든 모습)

언제왕

찾지마

누월, 2019, ©Copin

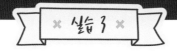

기본 감정 12개를 작성해 봅니다.

01
....

02
....

03
....

04
....

05
....

06
....

07
....

08
....

09
....

10
....

11
....

12
....

/ 콘셉트에 맞는 모션 12개를 작성해 봅니다. /

01
....

02
....

03
....

04
....

05
....

06
....

07
....

08
....

09
....

10
....

11
....

12
....

☺ 콘티 만들기

24개의 표현할 단어가 완성되었으면, 다음은 그림 콘티 작업에 들어갑니다. 콘티를 만드는 과정에 있어, 특별한 양식이나 규칙이 필요한 것은 아닙니다. 다만, 레이아웃을 구상할 수 있는 정사각형의 프레임과 작업자인 본인이 알아볼 수 있게 러프한 그림, 그리고 그에 관한 모션을 다음과 같이 간단하게 정리해 놓으면 됩니다.

1. 사라져
사람 그림자 형상물을 레슬링의 드롭킥 기술로 날려보내는 장면.

2. 나대지 마
고개를 좌우로 흔들고, 손가락을 두 번 꺾는다.

3. 가즈아
판다 아래가 '가즈아'라고 외치는 입모양에 맞춰, 텍스트가 나타남.

4. 세레모니
뒤 쪽에서 달려오면서 윗 옷을 벗고, 양 손을 펼치며 포효하는 모습.

'어팬저씨' 카카오 이모티콘 그림 콘티, 2018, ©Copin

💡 TIP : 콘티 작업 시 레이아웃(화면 구성)에 관한 주의 사항

1. 텍스트와 그림은 꼭 필요한 경우가 아니면 겹치지 않게 배치합니다. 텍스트와 그림이 겹치면, 정리되어 보이지 않을뿐더러 의미 전달에도 방해가 됩니다.

2. 텍스트는 크기가 너무 작은 경우, 이모티콘이 상품화되었을 때 핸드폰 화면에서 가독성이 낮아 보일 수 있습니다. 콘티 단계에서 가독성을 고려해 크기를 잡습니다.

3. 빈 공간을 활용해 화면에 꽉 차게 캐릭터를 배치합니다.

이모티콘 콘티 작업에 관한 예시로 〈아라찌는 취향저격〉의 작업 콘티를 한 번 살펴보도록 하겠습니다.

❶ 빈칸에 그림을 그려 넣기 전에 어떤 의미(기본 감정 & 콘셉트에 맞는 감정 또는 의미)를 전달할지를 정하는데, 예시에서는 '포기'라는 의미를 전달하겠습니다.
   의미: 포기

❷ '포기'라는 의미를 전달하기 위해, 구상한 캐릭터의 프로필과 콘셉트에 알맞은 움직임을 구상합니다. '아라찌'는 햄스터를 모델로 형상화한 캐릭터이기 때문에 쳇바퀴라는 소품을 이용하였습니다.
   모션: 쳇바퀴를 달리다가 힘들어서 누워 버리는 아라찌

❸ 모션의 핵심이 되는 이미지를 러프하게 그려 넣습니다.

〈아라찌는 취향저격〉에서의 콘티를 몇 개 더 살펴보겠습니다.

의미: 감동
모션: 감격해 울면서 뛰어감
　　　(물방울 및 반짝이는 효과)

의미: 피곤
모션: 창가 햇빛 때문에
　　　이불 속으로 들어 감

의미: 파이팅
모션: 주먹을 불끈 쥐며
　　　응원!

'아라찌는 취향저격' 카카오 이모티콘 그림 콘티, 2018, ©Copin

콘티는 어디까지나 이모티콘 작업을 하는 자신을 위해 처음 구상한 아이디어를 일목요연하게 정리하고자 만듭니다. 이모티콘 작업 중, 여러 아이디어와 생각이 뒤섞여 방향을 잡지 못하고 있을 때, 미리 만들어 놓은 콘티는 가야 할 길과 방향을 바로 잡아주는 이정표 같은 역할을 하기 때문입니다.

SUMMARY : 캐릭터 스케치 및 콘티 만들기

1 콘셉트에 관한 충분한 자료와 정보를 수집한다.
2 콘셉트를 한 문장으로 간결하고 명확하게 정리한다.
3 캐릭터 프로필을 만든다.
4 정면, 옆면 등 간단한 캐릭터 스케치를 한다.
5 이모티콘으로 표현할 24개의 단어를 정해서 정리한다.
6 그림 콘티를 만들고, 모션에 관한 간단한 설명을 기록해 놓는다.

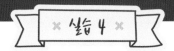

24종의 이모티콘 콘티를 만들어 봅니다.

1.

의미/모션:

2.

의미/모션:

3.

의미/모션:

4.

의미/모션:

5.

의미/모션:

6.

의미/모션:

7.

의미/모션:

8.

의미/모션:

9.

의미/모션:

10.

의미/모션:

11.

의미/모션:

12.

의미/모션:

13.

14.

의미/모션:

의미/모션:

15.

16.

의미/모션:

의미/모션:

17.

18.

의미/모션:

의미/모션:

19.

의미/모션:

20.

의미/모션:

21.

의미/모션:

22.

의미/모션:

23.

의미/모션:

24.

의미/모션:

카카오 이모티콘 심사는?

카카오톡 이모티콘 심사는 독자 여러분이 가장 궁금해하는 내용입니다. 아무래도 카카오에서 승인 기준을 공개하고 있지 않고 이모티콘이 미승인되더라도 그 이유를 알 수 없기에 많은 분들이 답답해하고 또한 어떻게 하면 좀 더 잘 승인이 날지 궁금해합니다.

여기에서는 이러한 여러분의 궁금증을 조금이나마 해소하기 위하여 카카오톡의 심사 기준을 설명하도록 하겠습니다. 다만 설명에 앞서, 본 장에서 설명하는 내용은 심사 기준을 공개하지 않는 카카오의 원칙상, 카카오에서 발표하는 공식적인 심사 기준이 아니며, 공식적인 심사 절차 및 기준은 정확히 알기가 어려움을 미리 말씀드립니다. 본 장에서는 필자가 지금까지 경험한 내용 및 업계 이야기를 토대로 작성되었음을 미리 밝힙니다.

현재는 본인이 신청한 이모티콘이 미승인되더라도 정확히 어떠한 연유로 미승인이 되었는지, 어떠한 심사 기준을 가지고 카카오에서 심사가 이루어졌는지를 알기가 힘듭니다. 다만, 과거 카카오에서 언급한 내용을 토대로 간접적이나마 심사 기준을 확인할 수 있는데, 2017년까지만 해도 카카오에서는 4가지 요소를 가장 중요한 심사 기준으로 언급하였습니다.

4가지 요소는 **1. 대중화 가능성, 2. 차별성, 3. 기획력, 4. 표현력**으로, 이를 바탕으로 이모티콘을 심사하였으며, 과거에는 이 4가지 중에서 어떠한 요소가 미달되었는지를 개개인에게 알려 주었습니다. 카카오에서 언급한 이 4가지 요소를 좀 더 들여다보면, 큰 틀에서 어떠한 생각을 가지고 이모티콘을 심사하고 있는지를 알 수 있습니다.

첫 번째로 언급된 대중화 가능성, 즉 상품성은 이모티콘 업계에서도 승인을 받는 데 있어서 가장 중요한 요소라고 생각하는 부분입니다. 이모티콘의 가장 큰 목적은 사용자들이 자신의 감정을 표현하기 위한 하나의 수단으로, 모든 메신저 플랫폼은 이모티콘의 활성화를 통해서 커뮤니케이션이 좀 더 활발하게 이루어지기를 바라고 있습니다. 따라서 어떠한 이모티콘이 출시되었을 때, 그것이 대중의 호응을 얻고 잘 팔린다는 것은 매우 중요한 일입니다. 실제로 카카오에서도 첫 번째 이모티콘이 출시되고 나서, 같은 시리즈의 두 번째 이모티콘(동일한 캐릭터를 사용한 이모티콘)이 승인될지 안 될지는 상품성, 즉 1편의 순위를 보면 대략 가늠할 수 있습니다.

따라서 승인이 잘되는 이모티콘을 만들기 위해서는 본인이 만든 이모티콘이 상품성이 있어야 하며, 또한 해당 이모티콘이 대중적인 인기를 끌 수 있는가 하는 부분을 이해하는 것이 무엇보다도 중요합니다. 종종 퀄리티가 대단히 낮아 보이는, 소위 말하면 대충 만든(발로 그린) 이모티콘이 승인되어 큰 인기를 끌고 있는 것을 볼 수 있는데, 이는 대중의 기호, 즉 트렌드를 정확하게 잡은 이모티콘이라고 생각할 수 있습니다. 상품성, 즉 대중화 가능성을 높이기 위해서는 퀄리티도 중요하지만, 퀄리티 못지않게 트렌드를 이해하는 것도 중요합니다. 따라서 단순히 퀄리티가 높다고 해서, 혹은 캐릭터성이 있다고 해서 이모티콘이 승인되지는 않는다는 점을 이해하는 것이 중요합니다.

두 번째, 차별성은 매우 중요한 요소입니다. 차별성 이야기를 하기 전에 먼저 간단하게 세 번째 기획력과 네 번째 표현력에 대하여 이야기를 하자면, 기획력과 표현력은 결국 가장 중요한 첫 번째와 두 번째 요소인 상품성(대중화 가능성)과 차별성을 이루어내기 위한 하나의 도구로, 사실상 승인이 되어 인기를 끌 수 있는 이모티콘을 만들기 위해서는 가장 중요한 두 요소인 대중화 가능성과 차별성을 잡아야 합니다. 특히 카카오의 심사 결과를 보면, 차별성이 높은 이모티콘, 즉 새로운 시도와 참신한 콘셉트를 적용한 이모티콘이 승인되는 경우를 많이 볼 수 있습니다. 하지만 필자가 상품성이 중요하다는 점을 언급하면, 많은 분들이 상품성에 너무 집착한 나머지 지금 당장 유행하는 트렌드 위주의 이모티콘만 만드는 경우를 종종 봅니다. 하지만 뒷장에서 설명하겠지만, 실제로 이모티콘이 승인되어 시장에 나오기까지는 3~4개월 정도가 소요될 뿐만 아니라, 너무나 많은 사람들이 비슷한 콘셉트로 이모티콘을 만들어 신청하기 때문에 지금 유행하는 트렌드는 오히려 차별성에서 대단히 낮은 점수를 받아 미승인될 가능성이 큽니다. 상품성뿐만 아니라 차별성도 승인에 있어서 빼놓을 수 없는 매우 중요한 요소이므로, 남들과 다른 모습, 참신한 아이디어를 근간에 두고 여기서 기획력과 표현력을 적극적으로 살려 상품성을 높이는 방법이 승인율을 높일 수 있는 가장 좋은 방법이라고 할 수 있습니다.

차별성에서 높은 점수를 받아 승인된 이모티콘의 예시를 들어 보겠습니다. 앞서 '차별성'과 관련해 언급한 바 있는 〈고풍스러운 한자 캘리그라피〉와 〈GTA 연애이야기〉라는 이모티콘입니다. 더 자세히 설명드리자면, 한자 캘리그라피 이모티콘은 이미지에서 알 수 있듯이 한자를 캘리그라피로 표현하여 나타낸 이모티콘입니다. 현재 한자를 사용하는 사람이 거의 없다는 점에서 해당 이모티콘은 아무리 잘 기획해도 널리 대중화시키기는 어려운 이모티콘입니다. 그럼에도 불구하고 한자 캘리 이모티콘은 승인되어 출시된 상태입니다.

카카오톡은 대한민국 국민 전체가 사용한다는 측면에서 이모티콘 주 구입층인 10~30대뿐만 아니라 50대 이상을 포함하는 다양한 이모티콘 수요를 만족시킬 의무가 있습니다. 걸그룹 노래가 가장 대중적이라고 해서 세상에는 걸그룹 노래만 나와 있는 것이 아닙니다. 분명 메이저는 아니지만 헤비메탈을 좋아하는 사람들도 있기 마련입니다. 따라서 분명 대중적이지는 않지만 특정 층의 이모티콘 수요를 만족시킬 수 있으며 차별성이 뛰어난 이모티콘은 충분히 승인 가능성이 있습니다.

〈GTA 연애이야기〉는 일본의 연애 시뮬레이션 게임과, 유명한 SNL 코리아의 GTA 시리즈에서 아이디어를 얻어 만든 이모티콘입니다. 기존의 이모티콘과는 달리 선택지가 두 개가 나타나고 그중 하나가 선택됨으로써 정반대되는 모션이 나오도록 만들어졌습니다. 이것은 기존에는 없었던 참신한 아이디어를 바탕으로 만들어진 이모티콘으로, 이처럼 차별성은 대중화 가능성 못지않게 중요한 요소이며, 차별성과 참신한 아이디어로 무장할 경우 상품성이 다소 부족하더라고 충분히 승인될 수 있다는 점을 알 수 있습니다.

자 그러면, 방법론적인 측면에서 대중화 가능성과 차별성을 잡기 위해서는 어떻게 해야 할까요?

대중화 가능성은 말 그대로 대중적인 인기를 끌 수 있는 이모티콘이라는 뜻입니다. 따라서 가장 좋은 검증 방법은 이모티콘을 기획한 다음(스케치나 이미지 혹은 기획안을 완성한 다음), 이것을 주변 지인들에게 보여줌으로써 반응을 보는 방법이 있습니다. 통계학적으로 표본이 30을 넘어가면 이를 바탕으로 모수의 분포 모습(정규분포)을 어느 정도 예측할 수 있습니다. 즉, 주변에 있는 지인 30명

정도에게 물어보면 여러분이 만든 이모티콘이 대중적인 인기를 끌 수 있을지를 어느 정도 가늠해 볼 수 있으므로, 단톡방 등을 통하여 적극적으로 의견을 물어보는 것도 하나의 방법입니다.

또 하나의 방법으로는 이모티콘 시장에 대한 전반적인 감을 익히는 것입니다. 카카오톡 이모티콘은 출시가 된 다음 날부터 순위가 집계됩니다. 따라서 매일같이 이모티콘 시장을 보고 신규 이모티콘이 다음 날 몇 위를 할지를 예측해 봄으로써 대중적인 이모티콘 기호가 무엇인지를 파악할 수 있습니다. 필자의 경우도 이모티콘 시장에 대해서 공부할 때는 매일같이 신규 이모티콘이 나오면 그 다음 날 순위가 몇 위일지를 예측해 보고 실제 순위와 비교하여 대중적으로 인기를 끄는 이모티콘이 어떠한 형태인지 감을 잡고자 노력했습니다.

이모티콘 순위에 대하여 이야기를 조금만 더 덧붙이자면, 일반적으로 이모티콘은 출시 다음 날(첫 순위가 나오는 시점)이 가장 순위가 높습니다(모든 이모티콘이 그런 것은 아닙니다). 신규 이모티콘으로써 노출이 많이 되는 첫 랭킹 집계일이 가장 순위가 높고 시간이 지남에 따라 점차 순위가 조금씩 떨어지게 됩니다. 따라서 다음 날의 순위를 예측한다는 것은 노출이 가장 잘 되는 시점의 순위를 예측한다는 점에서 의의가 있습니다.

또한, 차별성의 경우 이모티콘 시장을 살펴봄으로써 본인이 기획한 이모티콘이 이미 출시한 이모티콘에 비해서 어느 정도 차별성을 가지고 있는지 알 수 있습니다. 차별성을 줄 수 있는 요소가 쉽게 떠오르지 않는다면, 카카오가 아닌 외국의 이모티콘(라인 or 애플 isticker) 시장을 보고 아이디어를 얻는 것도 하나의 방법일 수 있습니다.

주변 지인들에게 물어보거나 이모티콘 시장을 주의 깊게 봄으로써 알 수 있는 대중화 가능성 및 차별성에 비하여, 기획력과 표현력은 본인의 드로잉 실력과도 밀접한 관련이 있습니다. 아무리 뛰어나고 창의적인 기획을 했다고 하더라도 실제로 그것을 본인의 드로잉과 애니메이션을 통하여 구현해내지 못한다면 세상 그 누구도 그러한 창의적인 기획이 있었는지 알 수 없습니다. 따라서 본인이 직접 이모티콘을 제작한다면 연습과 노력을 통하여 이모티콘 안에 퀄리티 있는 기획과 표현을 담아낼 수 있도록 노력해 봅시다.

코핀에서 제안하여 심사 승인된 카카오 이모티콘 특성 분석!

코핀에서 카카오 이모티콘으로 제안해 승인된 이모티콘은 어떤 특성을 가지고 있는지 알아보려고 합니다. 먼저, 코핀에서 제안해 승인된 이모티콘을 아래의 4가지 특성으로 분류했습니다.

- 차별성, 아이디어
- 익숙한 장르, 범용적인 사용(보편성)
- B급 감성, 패러디
- 캐릭터의 매력, 귀여움

〈승인되어 카카오 이모티콘 샵에서 서비스 중이거나 출시 예정인 이모티콘〉

 휴대폰 속 미니미들
(차별성, 아이디어 / 캐릭터의 매력, 귀여움)

 어팬저씨
(B급 감성, 패러디 / 차별성, 아이디어)

 한/영 자동 번역기
(차별성, 아이디어)

 아라찌
(캐릭터의 매력, 귀여움)

 고풍스러운 한자 캘리그라피
(차별성, 아이디어)

 조카티콘
(B급 감성, 패러디 / 차별성, 아이디어)

 솔로부대
(B급 감성, 패러디 / 차별성, 아이디어)

 몽글몽글 크림여우
(캐릭터의 매력, 귀여움)

 더 격렬하게 아무것도 안 하고 싶다
(B급 감성, 패러디 / 차별성, 아이디어)

 사랑둥이 하띠
(캐릭터의 매력, 귀여움)

 I WANT YOU TO TAKE IT EASY
(B급 감성, 패러디 / 차별성, 아이디어)

 단톡방 요정 퐁다
(캐릭터의 매력, 귀여움)

 GTA 연애이야기
(B급 감성, 패러디 / 차별성, 아이디어)

 노래로 말해요
(B급 감성, 패러디 / 차별성, 아이디어)

 대충 만든 코쟁이 곰
(B급 감성, 패러디 / 캐릭터의 매력, 귀여움)

* 출시된 시리즈가 많은 이모티콘은 시리즈명으로 표기.

이모티콘을 특성별로 분류해, 가상의 그래프에 배치해 보았습니다. 그래프의 X축은 'B급 감성, 패러디'와 '캐릭터의 매력, 귀여움' Y축은 '차별성, 아이디어'와 '익숙한 장르, 범용적 사용'을 놓았습니다.

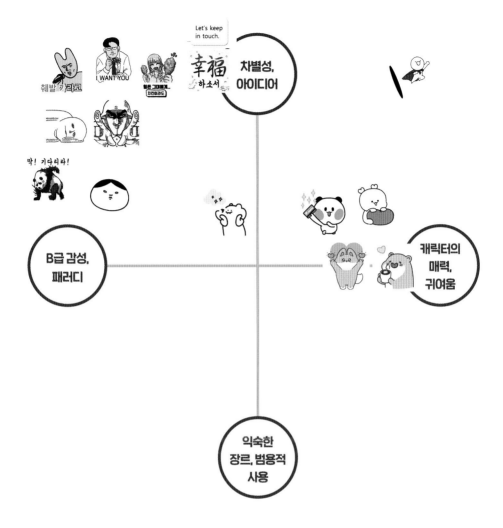

가상의 그래프상에 배치된 이모티콘 썸네일을 통해, '차별성, 아이디어', 'B급 감성, 패러디' 사이 영역에 배치된 이모티콘이 가장 많음을 확인할 수 있습니다. 그만큼 독특한 아이디어가 들어간 '차별성'과 10대~20대 연령층의 많은 지지를 받고 있는 'B급 감성, 패러디'의 요소가 이모티콘에서 중요한 부분을 차지하고 있음을 보여 줍니다. 그러나 위 그래프는 어디까지나 코핀에서 최근에 출시하거나 승인된 이모티콘의 경향을 보여 주고 있기 때문에 절대적이고 객관적인 기준이라고 보기 어렵습니다. 코핀에서 직접 승인받아 온 이모티콘의 특성을 참고 삼아 자신에게 맞는 그리고 자신이 잘 만들 수 있는 이모티콘을 제작해 나가도록 합니다.

CREATE

EMOTICONS

Part

03

스티콘 제작

......

지금까지 이모티콘의 전반적인 설명과 기획에 관한 내용들을 살펴보았습니다. PART 3에서는 이모티콘을 실제로 어떻게 만들어나가는지에 관한 내용을 이어가려고 합니다. 먼저, '멈춰 있는 이모티콘'인 스티콘 제작에 대해 알아볼 텐데요. 첫 번째 챕터에서는 스티콘의 정의 및 제작 규격을 설명하고, 이후 챕터 2~4까지 '코코와 바바', '솔로부대', '의태냥이'라는 이모티콘의 튜토리얼을 통해, 스티콘 작업을 설명해 나가도록 하겠습니다.

스티콘이란? :

PART 2에서도 언급했듯이 스티콘은 스티커처럼 움직이지 않는 이모티콘을 뜻하는 말입니다. 연출적 요소를 추가하여 나타내고자 하는 바를 움직임으로 표현한 애니콘과는 달리 정지 이미지로 의미를 표현해야 한다는 점에서, 의미를 한 이미지 안에 정확하게 드러내고 전달해야 합니다.

왼쪽부터, 자만토끼, 의태냥이, 코코와 바바, 솔로부대, 2015-2018, ©Copin

멈춰 있는 이미지 안에서 의미를 가진 캐릭터의 행동이나 표정, 문자 등 시각적 기호를 통해 즉각적인 의미 전달이 이루어지는 이모티콘을 스티콘의 일반적인 정의라고 할 수 있습니다.

 TIP : 카카오에 이모티콘 제안 시, 알아야 할 스티콘과 애니콘의 규격

PART 6에서도 언급하겠지만, 예시 이미지와 함께 간략하게 설명하면 이렇습니다. 스티콘을 제안할 때는 투명 배경인 PNG 파일로 가로, 세로의 크기가 360px, 해상도 72dpi로 작업하며, 스티콘 이미지 24종을 만들어 제안합니다.

스티콘 시안 – PNG 파일 투명 배경

애니콘을 제안할 때에는 가로, 세로 크기가 360px로 스티콘과 같습니다. 다만 흰 배경의 GIF 파일(24프레임 이하)로 된 애니콘 시안 3종과, 같은 크기의 PNG 파일로 된 투명 배경의 스티콘 시안 21종을 만들어 제안하면 됩니다. 제안 시에는 애니콘 시안 3종만 먼저 작업하고, 승인이 이루어진 후에 나머지 스티콘 시안 21종에 대한 애니콘 작업을 진행하게 됩니다.

애니콘 시안 – GIF 파일 흰색 배경

레이어 구성(코코와 바바) :

스티콘의 이미지 작업은 크게 벡터^{Vector} 방식과 비트맵^{Bitmap} 방식으로 나눌 수 있습니다. 이모티콘 작업에서 주로 사용하는 벡터 방식의 그래픽 프로그램은 Adobe사에서 만든 일러스트레이터, 애니메이트(구. 플래시)가 있고, 비트맵 방식의 그래픽 프로그램은 역시 같은 회사에서 만든 포토샵을 들 수 있습니다. 이번 PART에서는 가장 보편적이면서 이미지 제작 및 편집이 손쉬운 포토샵으로 스티콘을 만드는 과정을 설명하려고 합니다. 벡터 방식의 그래픽 작업과 관련된 내용은 PART5에서 다루도록 하겠습니다. 먼저 포토샵에서 스티콘을 제작할 때 어떻게 레이어를 구성하는지 살펴보겠습니다.

이번에 예로 들 이모티콘은 물범을 소재로 제작한 〈코코와 바바〉입니다.

코코와 바바, 2015, ©Copin

 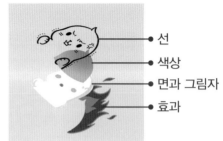

선
색상
면과 그림자
효과

위의 '코코와 바바' 레이어 구성을 보면, 위에서부터 선, 빨갛게 달아오른 색상, 흰색이
칠해진 면과 그림자, 불꽃 모양의 효과 이렇게 4개의 레이어로 구성되어 있습니다. 그
림에 나와 있는 선, 면, 효과 등 모든 요소들이 하나의 레이어에 있더라도, PNG 파일
로 이미지를 저장하기 때문에 결과물에는 차이가 없습니다. 그러나 각 레이어가 분리되
어 있다면 수정 사항이 발생했을 때 각각의 파트들을 찾아 수정하면 되기 때문에, 레이
어를 분리해서 작업하는 것이 수정에 있어서는 훨씬 수월합니다.
선만 수정하고 싶을 때는 선 레이어를 선택하고, 지우개 도구와 브러시 도구를 이용해
수정합니다. 이렇게 수정하면 면과 효과 레이어 위의 요소에는 영향을 미치지 않으므
로, 레이어를 나눠 작업하시기를 권합니다.

그림과 같이 레이어가 분리되어 있으면, 선택한 레이어에 있는 이미지만 지우거나 채색
할 수 있습니다. 이모티콘 작업 특성상 수정해야 할 경우가 많이 발생하니, 작업 시에
는 꼭 레이어를 분리해 작업하도록 합니다.

TIP : 면의 색이 선 밖으로 벗어나는 오버 페인팅에 유의합니다.

코코의 왼쪽에 보이는 손 위로 색이 벗어난 부분이 보일 것입니다. 색을 칠할 때 선 바깥으로 벗어나지 말아야 하는데, 작업자의 실수로 넘어선 것입니다. 이를 '오버 페인팅'이라고 합니다. 카카오톡에 스티콘이 승인되어서 검수 과정을 거칠 시, 오버 페인팅은 반드시 수정 요청이 들어오는 부분입니다. 또한, 작업물의 완성도가 떨어져 보일 수 있는 부분이니, 선 밖으로 캐릭터의 색이 벗어나는 부분이 없는지 꼼꼼히 살피도록 합니다.

PART 03 : 스티콘 제작 **73**

스티콘
'솔로부대'의 작업 과정 :

2017년 12월에 카카오톡에 출시된 스티콘 〈솔로부대〉는 이른바 '짤'이라고 불리는, 인터넷상에서 화제가 되었던 이미지에서 착안해 기획한 이모티콘입니다. 커플들을 질투하고 시기하는 '솔로'들을 군부대에 빗대어, 자조적이면서 냉소적인 멘트와 함께 90년대 유행했을 법한 만화적인 그림체가 어우러져 재미를 주는 이모티콘입니다.

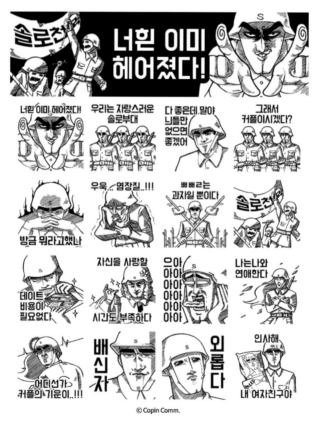

솔로부대, 2017, ©Copin

이 솔로부대 이모티콘 중 하나를 골라 만들어나가는 과정을 알아보도록 하겠습니다.

❶ 포토샵 CC를 열고, [새로 만들기]에서 가로, 세로 크기 360px, 해상도 72dpi의 파일을 만
듭니다.

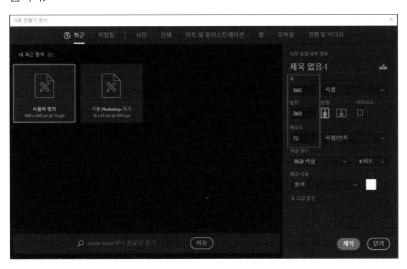

❷ [창] – [브러시 설정]에서 [모양]에 체크하여, 브러시의 양쪽 끝이 가늘게 표시되어 필압이
적용되는지 확인합니다.

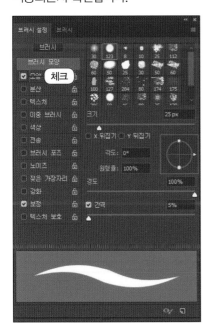

💡 TIP : 그리기 도구

스티콘 만들기에서 [브러시 도구]를 효과적으로
사용하려면, 타블렛이라는 도구가 필요합니다. 마
우스로 그림을 그리기에는 한계가 있는데, 무엇
보다 마우스로는 선의 굵기를 조절하는 필압을
사용할 수 없습니다.
[브러시 설정] – [모양]에 체크가 되어 있는 상태
에서 타블렛이 PC에 연결되어 있어야 브러시의
필압을 확인할 수 있습니다.

현재 필자가 사용 중인 타블렛

타블렛을 이용하면, 자연스러운 선의 강약 및 손
그림 같은 느낌의 그림을 그릴 수 있습니다.

❸ 새 레이어를 하나 만들어, '스케치1'로 레이어명을 지정합니다. 그런 다음, 브러시 도구(B)로 어두운 회색을 선택해, 표현하고 싶은 스티콘을 스케치합니다. 이때, [불투명도]를 67%로 주고, 반복해서 칠하거나 지워 가면서 원하는 스케치를 만들어 갑니다.

❹ '스케치1' 레이어의 불투명도를 낮춘 후, '선' 레이어를 하나 만들어 그 위에 브러시로 선 작업을 해 줍니다.

⑤ 선 작업이 완료되면 '스케치1' 레이어를 보이지 않게 해 주고, 빠진 부분이 없는지 확인합니다.

⑥ 완성된 스티콘의 선 이미지에서 새 레이어를 하나 추가해 '외곽선'이라 레이어명을 정하고, 외곽선만 두텁게 칠해 줍니다. 외곽선만 두텁게 해주면, 캐릭터의 스케치가 더욱 선명하게 드러나는 효과가 있습니다.

❼ 흰 색상을 스케치 선 안쪽에 칠해 주기 위해 새 레이어를 만들어 '면'이라고 레이어명을 지정합니다.

'면' 레이어 추가

❽ 현재 배경 레이어의 색상이 흰색이기 때문에, 배경 색상과 칠하게 될 면의 색을 구분하기 위해 레이어 옵션을 이용해 배경 색상을 변경해 줍니다. '배경' 레이어를 선택한 뒤, 마우스 오른쪽 버튼을 눌러 [혼합 옵션]을 선택하면, 레이어 스타일을 변경할 수 있는 창이 뜹니다. 그 창에서 [색상 오버레이]를 선택해 색을 변경합니다.

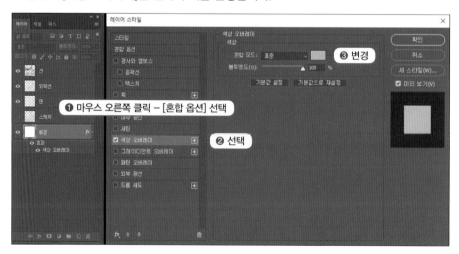

❶ 마우스 오른쪽 클릭 – [혼합 옵션] 선택

❷ 선택

❸ 변경

❾ 배경 색상이 변경되었으면, '면' 레이어에 브러시 도구(B)를 이용해 흰 색상을 칠해 줍니다. 여기서 주의해야 할 것은 칠하는 흰색 면이 선을 가리면 안 되므로, 반드시 '면' 레이어는 '선' 레이어 아래에 두고 작업을 진행해야 합니다.

❿ 흰 색상을 칠해 주는 과정이 완료되었습니다.

⓫ '배경' 레이어를 보이지 않게 가리고, PNG 파일로 저장합니다.

Chapter 04

스티콘
'의태냥이'의 작업 과정 :

이번에는 라인 크리에이터스 마켓에서 서비스 중인 이모티콘 '의태냥이'를 가지고 스티콘 작업 과정을 설명하도록 하겠습니다. 스티콘 '의태냥이'는 모양이나 태도, 행동을 흉내내는 말인 '의태어'를 고양이의 모습과 함께 표현해 의미를 전달하는 이모티콘인 만큼, 캐릭터의 행동이나 동작에 포인트를 두었다는 특징이 있습니다. '의태냥이'에서의 스티콘 작업은 어떻게 진행되었는지, '솔로부대' 작업 과정과는 또 어떻게 다른지 하나하나 살펴보도록 하겠습니다.

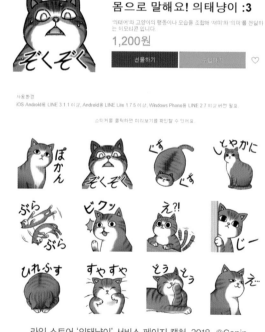

라인 스토어 '의태냥이' 서비스 페이지 캡처, 2018, ©Copin

❶ 카카오톡 이모티콘 작업 사이즈인 가로, 세로 360px, 해상도 72dpi의 파일을 만듭니다.

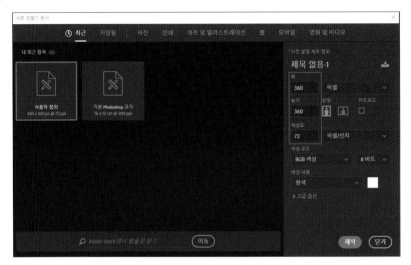

❷ '스케치' 레이어를 만들어 밑그림을 그립니다. 고양이가 꼬리를 앞발까지 감고 앉아 있는 모습과 '다소곳이'라는 의태어를 조합해 의미를 전달하고자 합니다. 여기에 소개된 버전은 라인 플랫폼 이용자가 많은 일본인에게 판매할 목적으로 기획된 이모티콘이라 'しとやかに' 텍스트를 삽입하도록 하겠습니다.

❸ 브러시(B)와 지우개(E)를 이용해 최대한 깔끔하게 밑그림을 완성합니다.

❹ '선' 레이어를 추가하고, 브러시(B)의 색상을 검정(#000000), 불투명도를 100%로 선택한 다음, 선을 만들어 줍니다.

❺ 밑그림을 따라 깔끔하게 선 작업이 완료되었습니다.

❻ 선 작업을 기준으로 고양이의 색상을 입힐 '면' 작업을 합니다. '선' 레이어 아래에 '면' 레이어를 만듭니다. 그 다음 색상을 칠할 부분과 배경색을 구분하기 위해, 가장 아래에 있는 '배경' 레이어의 색상을 변경합니다.

❼ 이번에는 '솔로부대' 작업과는 다르게 브러시로 칠하는 방식이 아니라, 펜 도구(P)의 패스를 이용해 색이 들어갈 영역을 지정합니다. 고양이 그림의 외곽선을 따라 패스를 만들고, 패스를 닫은 상태에서 [선택 영역 만들기]를 선택합니다.

TIP : 포토샵 '펜 도구' 튜토리얼! – 패스 만들기   예제파일: 파트3_펜 도구 튜토리얼.jpg

❶ 펜 도구로 스케치를 따라 패스 형태를 만드는 과정을 차근차근 설명해 보겠습니다. 단축키 P를 눌러 펜 도구를 선택합니다.

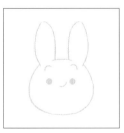

❷ 기준점(Anchor Point)을 스케치 선 위로 클릭해 만들어 줍니다.

❸ 토끼 귀 모양을 따라 곡선을 만들어 줍니다. 아래쪽에도 기준점을 만드는데, 여기서 클릭 후 손을 떼지 않고 마우스(또는 타블렛)를 드래그 하면, 그림과 같이 기준점 사이에 곡선을 만들 수 있습니다.

❹ 키보드에서 Alt 를 누르고 두 번째 기준점에 다가가면, 그림과 같이 꺾쇠 모양이 생깁니다. Alt 를 누른 상태에서 기준점을 클릭하면 방향선이 사라집니다. 이것을 '패스 고르기'라고 합니다.

❺ 이와 같은 순서로 스케치 선의 외형대로 펜 도구를 이용해 패스 선을 만들어 줍니다.

❻ 이렇게 스케치 선의 외형을 따라 패스를 만들고, 처음 기준점으로 돌아오면, 그림처럼 동그

라미 기호가 뜹니다. 처음 기준점을 클릭하면 패스가 닫힙니다.

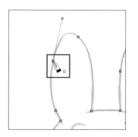

❼ 패스를 닫은 다음, 화면 상단에 보이는 창에서 [선택…] 버튼을 클릭합니다. 패스로 만든 외형대로 '선택 영역(색을 칠할 수 있는)'을 만들 수 있는 기능입니다.

❽ 선택 영역 만들기 창이 뜨면 [확인] 버튼을 클릭합니다.

❾ 스케치 선을 따라 원하는 영역이 선택되었습니다. 여기에 색을 칠하고 싶다면, '새 레이어'를 만들어 채색하면 됩니다.

❽ '선택 영역'이 만들어지면, 페인트 도구(G)를 이용해, 회색을 칠해 줍니다.

❾ 그 후, '면' 레이어 위로 '흰색' 레이어를 만들고, 클리핑 마스크를 만들어 눈과 무늬 등 흰색이 들어갈 부분은 칠합니다.

고양이의 밑 색이 있는 레이어 위로 클리핑 마스크를 시켜 주면, 밑 색이 있는 영역 바깥으로 벗어나는 오버페인팅 없이 깔끔하게 원하는 부분에 색을 칠할 수 있습니다.

❶ 고양이 외형을 따라 색이 있는 '면' 레이어 위로, 흰 무늬를 넣을 '흰색' 레이어를 만듭니다.

❷ '흰색' 레이어를 선택한 상태에서, 마우스 오른쪽 버튼을 눌러 [클리핑 마스크 만들기]를 선택합니다. 클리핑 마스크를 적용하면 그림과 같이 화살표가 생성됩니다.

❿ 그림처럼 클리핑 마스크를 이용해, '면' 레이어의 밑 색을 벗어나지 않고 흰색을 넣었습니다.

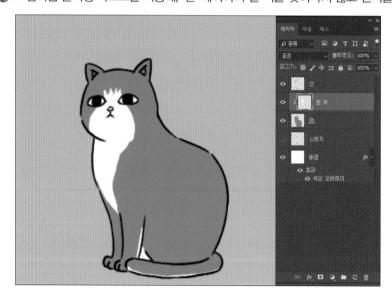

⓫ 그 다음, 흰색과 회색의 경계면을 손가락 도구를 이용해 자연스러운 고양이 털을 표현하는데, 그림처럼 문지릅니다. '흰색' 레이어가 클리핑 마스크 되어 있기 때문에 색이 바깥으로 벗어나는 염려 없이 흰 무늬를 표현할 수 있습니다.

💡 TIP : 손가락 도구 🖐는?

손가락 도구는 위 그림과 같이, 색의 경계면을 부드럽게 하거나 '문지르기' 효과를 줄 수 있습니다. 〈의태냥이〉에서는 자연스러운 털의 느낌을 표현하는 데 손가락 도구를 사용하였습니다.

⓬ 흰 무늬 표현이 완료되었습니다.

⓭ 그림과 같이 클리핑 마스크가 적용된 '그라데이션' 레이어를 만들고, 레이어 모드를 [곱하기]로 설정합니다.

⓮ 옅은 회색을 선택 후, 그레이디언트 도구(G)를 이용하여, 캐릭터의 아래 쪽을 어둡게 해 색상의 변화를 줍니다.

⓯ 클리핑 마스크가 적용된 상태의 '줄 무늬' 레이어를 만듭니다. 레이어 모드가 [표준]인 상 태에서 고양이의 체형과 몸의 굴곡에 맞게, 줄무늬를 그립니다.

⑯ 이번에도 마찬가지로 손가락 도구를 이용, 고양이의 줄무늬를 자연스럽게 표현해 줍니다.

⑰ 마지막으로 클리핑 마스크가 적용된 '그림자' 레이어를 하나 더 만들어 명암을 넣습니다. 레이어 모드는 [곱하기]로 변경해 줍니다. 그림자까지 적용이 되어 캐릭터가 완성되었습니다.

⓲ 이제 '다소곳이'라는 의미의 일본어 텍스트 'しとやかに'를 넣어 줍니다. 텍스트를 만들고,
글씨의 가독성을 위해 흰색으로 [획] 효과를 넣어 주면 '의태냥이'의 스티콘이 완성됩니다.
작업이 완료되었으면, PNG 파일 형식으로 저장합니다.

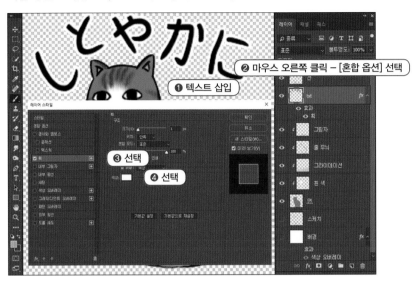

CREATE

EMOTICONS

Part
04

애니콘 제작 1 – 포토샵을 이용한 애니콘 만들기

······

애니콘 제작 첫 번째 PART는 포토샵을 이용한 애니메이션 만들기입니다. 포토샵으로 애니콘을 제작하는 방법을 알려 드리기 위해, PART 2에서 소개했던 <어팬저씨>의 작업물을 예시로 가져와 전반적인 설명을 하려고 합니다. 2018년에 디자인하고 카카오 이모티콘 샵에 출시되었던 '어팬저씨'에 관한 부연 설명을 드리자면, 'B급 감성'으로 콘셉트를 잡아 만든 이모티콘으로, 과거 '엽기토끼'라는 이름으로 화제가 됐던 '마시마로'를 필두로 2000년 초반에 유행했을 법한 플래시 애니메이션 느낌의 다소 '촌스러움'이 묻어나는 스타일로 기획한 이모티콘입니다. 예를 들면, '어팬저씨'의 모션에서 '파르르' 떨리는 듯한 효과가 대표적입니다. 모션의 특성이나 콘셉트는 다를 수 있지만, 이번 PART를 통해 포토샵을 이용한 애니콘을 만드는 방법과 애니메이션의 기본 원리를 이해하는 데 도움이 되었으면 합니다.

애니메이션의
기본 원리와 타임라인(Timeline) 기능 :

😊 애니메이션의 기본 원리

어린 시절 책 모퉁이에 한 장 한 장 연속적인 이미지를 그려 넣고, 책장을 빠르게 넘겨 움직이는 플립북Flip Book 애니메이션을 한 번씩 만들어 본 경험이 있으실 텐데요. 흔히 볼 수 있는 TV 애니메이션이나 극장용 애니메이션의 원리도 그와 같습니다.

토끼춤을 추고 있는 아래 토끼 캐릭터로 예를 들어 보겠습니다. 각각의 동작 하나하나를 한 화면에 빠르게 보여 주면 마치 움직이는 것처럼 보이는데, 애니콘 작업에서도 이러한 애니메이션의 기본적인 효과를 이용합니다. 즉, 눈을 통해 들어온 상이 남아 있는 현상인 '잔상효과(殘像效果)'가 애니메이션의 가장 기본을 이루는 원리라고 할 수 있습니다.

'파트4_자만토끼 움직임' GIF 파일을 실행해서 캐릭터의 움직임을 확인해 봅니다.

자만토끼, 2018, ©Copin

☺ 타임라인(Timeline) 기능으로 간단한 4프레임 애니메이션 만들기

포토샵에서도 타임라인 기능을 이용해 플립북 애니메이션 같은 효과를 구현할 수 있습니다. 그럼, 타임라인의 기본적인 기능을 알아보기 위해 간단한 튜토리얼을 진행하겠습니다. 먼저 포토샵 CC를 열고 '파트4_어팬저씨'를 불러옵니다.

[예제파일: 파트4_어팬저씨.psd]

❶ 파일을 열면 '어팬저씨' 캐릭터 스케치가 있는 이미지와 레이어 창이 보입니다. [창] 메뉴에서 [타임라인]을 선택합니다.

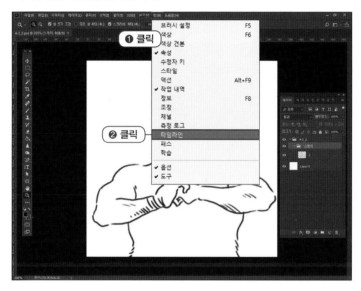

❷ [프레임 애니메이션 만들기] 버튼을 눌러 프레임 애니메이션 타임라인을 만듭니다.

❸ 화면에 보이는 이미지를 기준으로 [타임라인]의 첫 프레임이 만들어집니다. 이제 4개의 프레임을 이용해 '어팬저씨'가 고개를 좌우로 흔드는 간단한 애니메이션을 만들어 보겠습니다.

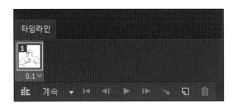

 TIP : [타임라인] 창 버튼

❶ 프레임을 표시해 주는 작은 화면과 해당 프레임이 지속되는 시간을 설정할 수 있습니다.
❷ 비디오 타임라인으로 전환할 수 있습니다.
❸ 프레임 애니메이션을 재생할 수 있는 횟수를 설정할 수 있습니다.
❹ 첫 번째 프레임으로 이동할 수 있습니다.
❺ 이전 프레임을 선택할 수 있습니다.
❻ 프레임 애니메이션을 재생할 수 있습니다.
❼ 다음 프레임을 선택할 수 있습니다.
❽ 애니메이션 프레임을 트윈 처리할 수 있습니다.
❾ 새로운 프레임을 생성할 수 있습니다.
❿ 프레임을 삭제할 수 있습니다.

④ '1'이라고 적힌 스케치 레이어를 하나 복사(Ctrl+J)합니다. 그리고, 복사한 레이어는 레이어명을 '2'로 변경합니다.

⑤ '1' 레이어는 '눈' 아이콘을 클릭하여 보이지 않게 가리고, '2' 레이어 선택 후 올가미 도구(L)를 이용해 얼굴 부분만 선택합니다. 자유 변형(Ctrl+T)으로 얼굴 부분을 왼쪽으로 회전시켜 줍니다.

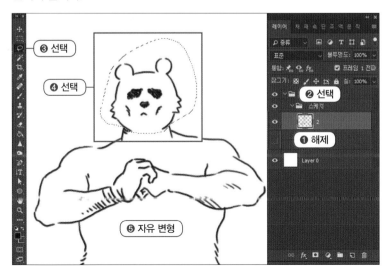

❻ 회전 시, 회전축은 그림과 같이 목 부분으로 올 수 있도록 조정 후 회전시킵니다.

 TIP : 회전축

자유 변형(Ctrl+T) 시, 손쉽게 크기를 조정하거나 이미지를 회전시킬
수 있는 정사각형의 틀이 생기는데, 그 틀의 중앙에 회전축이 있습니다.
이때, Alt 키를 누르면 회전축을 그림과 같이 조정할 수 있습니다.

❼ 세 번째 프레임은 '1' 레이어를 그대로 복사([Ctrl]+[J])해 가장 위로 올려 줍니다. 레이어명을 '3'으로 변경합니다.

❷ 레이어명 변경

❶ 레이어 복사

❽ 네 번째 프레임도 '2' 레이어와 마찬가지 방법으로 레이어를 만들고 고개를 회전시키는데, 고개 방향을 오른쪽으로 돌려 줍니다.

❶ '4' 레이어 추가

❷ 자유 변형

❾ 캐릭터의 고개를 회전시키면서 선이 비어 있는 부분은 브러시 도구(B)를 이용해 채웁니다.

❿ 4장의 레이어가 모두 완성되었다면, [타임라인]의 첫 번째 프레임에 '1' 레이어만 보이게 설정하고 나머지 레이어는 모두 가립니다. 프레임별 시간 설정은 먼저 0.1초로 잡습니다.

 TIP : 단축키 설정

프레임 애니메이션 작업 시, 프레임별로 각 레이어를 보이게 하거나 가리는 경우가 많은데, 이때 프레임 생성 버튼을 단축키로 설정해 놓으면 편리합니다.

⑪ 타임라인 하단의 프레임 생성 버튼을 눌러 두 번째 프레임을 만듭니다. '1' 레이어를 가리고 '2' 레이어를 보이게 합니다.

❷ '2' 레이어만 선택

❶ 클릭

⑫ 다음, 세 번째 프레임을 만들고 '3' 레이어가 보이게 합니다.

❷ '3' 레이어만 선택

❶ 클릭

⓭ 마지막으로 네 번째 프레임을 만들고 '4' 레이어를 보이게 하면, 좌우로 고개를 흔드는 애니메이션이 완성되었습니다. [재생] 버튼을 눌러 애니메이션을 움직여 봅니다.

어팬저씨, 2018, ©Copin

4프레임이라 움직임이 자연스럽지는 않지만, 고개를 좌우로 흔드는 애니메이션이 완성되었습니다. 부드러운 움직임을 구현하려면 프레임 수를 더 늘리면 됩니다. 과거 디즈니에서 만든 2D 애니메이션이 자연스러운 움직임을 보이는 이유는 초당 프레임 수가 24프레임이기 때문입니다. 1초라는 짧은 시간에 24장의 그림이 빠르게 흘러가, 낱장의 그림들이 생명력을 갖고 살아 움직이는 것처럼 보이는 것입니다.

TIP : 플랫폼별 작업 가능한 프레임 수

카카오톡 24프레임 / 라인 20프레임

애니콘 작업도 카카오톡에서는 최대 24프레임까지 작업이 가능하고 라인에서는 20프
레임까지 사용할 수 있어, 보다 더 매력적이고 자연스럽게 움직이는 애니콘을 만들 수
있습니다. 다음 챕터에서는 24프레임을 모두 이용해 애니콘을 만드는 과정을 살펴볼
텐데요. 먼저 캐릭터의 밑그림을 스케치하고 자신이 의도한 대로 애니메이션이 연출되
었는지 확인하는 과정인 '스케치 및 애니메이션 테스트'를 설명하도록 하겠습니다.

Chapter 02

스케치 및
애니메이션 테스트 :

이번 챕터에서는 원하는 애니메이션의 결과물을 얻기 위해, 움직임을 구상하고 그 구상한 움직임에 따라 스케치 작업을 마친 뒤, 움직임이 의도한 대로 연출되었는지 테스트하는 과정을 살펴보겠습니다.

 TIP : 스케치 및 애니메이션 테스트 과정

> 움직임 구상하기 → 구상한 움직임 스케치 → 타임라인을 이용하여 움직임 테스트 → 스케치 수정

😊 캐릭터의 움직임 구상하기

챕터1에서 만들어 보았던, 고개를 좌우로 흔들던 '어팬저씨'의 '나대지 마라'고 하는 애니콘을 예로 들어 설명하겠습니다. 이 캐릭터에 어떻게 움직임을 주고, 텍스트를 삽입해 '나대지 마라'는 의미를 전달할 것인지 구상하여 글로 정리해 봅니다.

❶ 어팬저씨가 고개를 좌우로 흔듭니다.

❷ 고개를 흔들 때 입 모양도 살짝 변합니다.

❸ 고개가 왼쪽에 머무를 때 '나대지', 오른쪽에 머무를 때 '마라'는 글씨가 생깁니다.

❹ (불량한, 사나운 모습으로) 손가락 관절을 두 번 꺾습니다.

❺ 손가락 관설을 꺾는 순간, 미간과 아랫입술 밑으로 주름이 생깁니다.

 TIP : 애니콘 작업 단계에서의 구상

> 기획 단계에서의 콘티 작성 시 대략적인 움직임에 대한 구상은 있지만, 애니콘 작업 단계에서의 구상은 텍스트 효과를 포함하여 조금 더 구체적이고 세밀하게 움직임의 과정을 정리해 두어야 합니다. 글이 아니라면 간단한 메모나 러프한 스케치라도 작업자가 알아보기 편한 방식으로 정리해 두면, 애니콘 작업 도중 갈피를 잡지 못하고 방향을 잃는 일을 피할 수 있습니다.

😊 구상한 캐릭터의 움직임 스케치

어팬저씨 캐릭터가 고개를 좌우로 흔들고 손가락 관절을 꺾으며 불량하면서도 사나운 모습으로 '나대지 마라'는 텍스트가 나올 때, '나대지 마라', '까불면 다친다'라는 의미가 전달되도록 연출할 내용을 구상하였습니다. 연출할 내용에 관한 구상을 마친 후, 챕터1 에서 4프레임으로 만들어 보았던 '**파트4_어팬저씨**'를 다시 포토샵 CC로 열어 봅니다. 모 든 준비가 완료되었으면 '캐릭터의 움직임 스케치' 튜토리얼을 시작하겠습니다.

[예제파일: 파트4_어팬저씨.psd]

❶ '1' 레이어만 남기고 모두 삭제합니다.

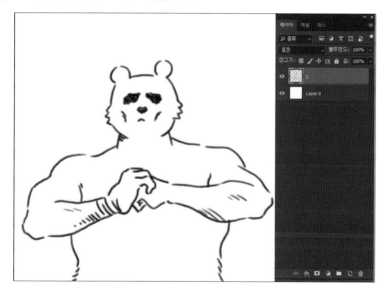

❷ 먼저 고개를 좌우로 흔드는 움직임을 만들어 볼 텐데요, '1' 레이어를 복사한 후, 왼쪽으로 고개를 젖히는 이미지를 만들어 줍니다. 이번에도 올가미 도구(ㄴ)로 머리 부분을 선택하고, 회전시킵니다. 단, 이때 왼쪽으로 움직일 수 있는 최대한 고개를 젖힌 포즈를 만들어 줍니다.

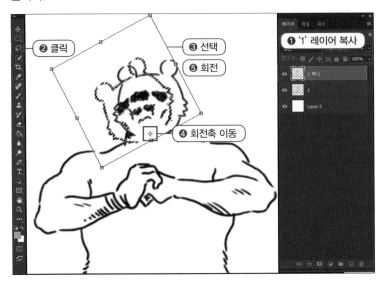

❸ 얼굴을 왼쪽으로 회전시키면서 생긴 공백을 브러시 도구(ㅤB)로 메워 주고, 입을 벌린 모습을 브러시로 표현해 줍니다. 여기서 새로 만든 레이어명은 '6'으로 변경합니다.

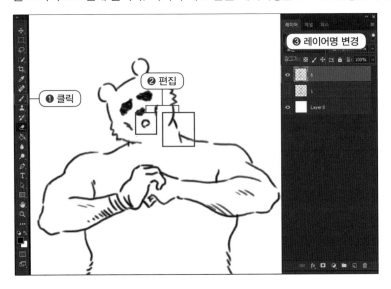

④ '1' 레이어와 '6' 레이어의 사이에 들어갈 '2'~'5'까지 중간 단계의 이미지들을 만들어 줍니다.

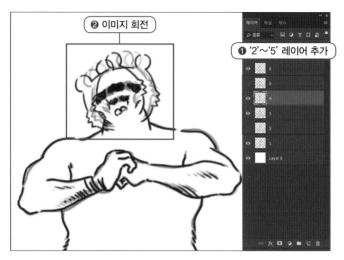

❷ 이미지 회전

❶ '2'~'5' 레이어 추가

 TIP : 부드러운 움직임 만들기

'4프레임 애니메이션 만들기'와는 달리, 왼쪽으로 고개를 돌리는 '1' 레이어와 '6' 레이어 사이에 4장의
중간 동작 이미지를 추가하여 더욱 부드러운 움직임을 구현합니다.

⑤ 고개가 왼쪽으로 최대로 움직이기 직전 프레임인 '5' 레이어에서, 얼굴 부분만 올가미 도
구(ㄴ)로 선택합니다.

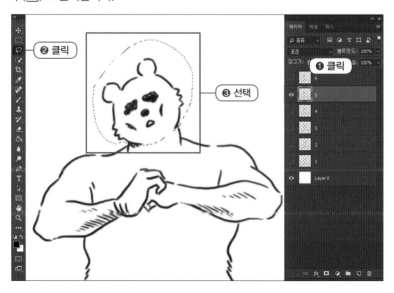

❷ 클릭

❸ 선택

❶ 클릭

❻ 조금 더 자연스러운 움직임을 표현하기 위해 효과를 줍니다. [필터] – [흐림 효과] – [동작
흐림 효과]에서 고개가 움직이는 각도와 거리의 설정값을 각각 20, 5로 지정합니다.

❼ 이번에는 고개가 왼쪽에서 정면으로 돌아오는 이미지를 만들어 주는데, 일일이 그릴 필요
없이 이전에 사용했던 레이어를 이용해, 앞서 움직였던 레이어를 역순으로 다시 복사해
줍니다. 다만, 동작 흐림 필터가 적용된 '5' 레이어는 건너뛰고, '4' 레이어를 복사해 '7' 레
이어로, '3' 레이어를 복사해 '8' 레이어로, '2' 레이어를 복사해 '9' 레이어로 이름을 변경
해 차례로 배치합니다.

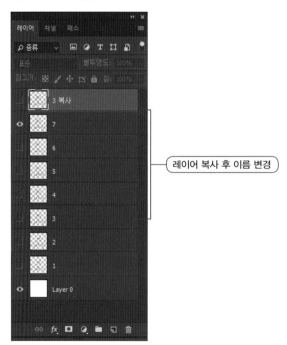

❽ '1' 레이어를 복사해 '10' 레이어까지 만들면, 왼쪽으로 고개를 움직였다가 정면으로 돌아오는 움직임이 완성되었습니다.

❾ 이번에는 오른쪽으로 고개를 젖히는 움직임을 만들어 줍니다. 오른쪽으로 움직이는 과정도 왼쪽으로 움직임을 만들었던 방법과 같습니다. 다만 이번에는 오른쪽으로 고개를 움직였다가 다시 정면으로 보게 하는데, '17' 레이어까지 사용합니다. '13' 레이어에서 오른쪽 방향으로 [동작 흐림 효과]를, '14' 레이어에서 오른쪽으로 고개를 가장 많이 젖힌 다음, '15'~'17' 레이어에서 정면으로 돌아오게 합니다.

TIP : 동작 흐림 효과 반대쪽

오른쪽으로 고개를 움직일 때는 반대로 움직이는 효과를 넣어 줍니다. 앞 작업과 마찬가지로 올가미
도구(L)로 얼굴 부분을 선택하고, [필터] – [흐림 효과] – [동작 흐림 효과]를 적용하는데, 각도의 설정
값은 −20, 거리는 5로 지정합니다.

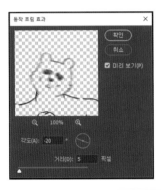

⑩ 고개를 좌우로 흔드는 움직임은 완료되었습니다. 다음은 손가락 관절을 꺾는 움직임을 이
어서 만들겠습니다. 우선 '17' 레이어를 복사해 '18' 레이어로 이름을 변경합니다. '18' 레이
어는 손가락 관절을 꺾기 직전 힘을 모으는 예비 동작으로 근육의 움직임을 표현합니다.

⓫ 다시 레이어를 하나 더 복사해 '19' 레이어를 만듭니다. 앞서 고개를 움직였던 것과 같이 왼팔 부분을 올가미 도구(ⓛ)로 선택 후 회전시켜 주는데, 여기서도 회전 시 중심축이 어깨 부분에 가도록 합니다. 오른팔도 왼팔처럼 움직임을 만들어 줍니다.

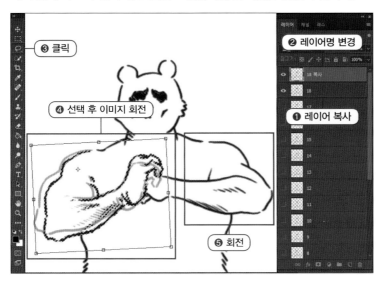

⓬ '19' 레이어에서 손가락 관절을 꺾는 동작이 완성되었으면, '17' 레이어를 다시 복사해 '20' 레이어를 만들고, 손가락 관절을 꺾었다가 다시 복귀하는 동작을 만들어 줍니다.

⓭ 그리고 이번엔 '20' 레이어를 복사해 '24' 레이어로 이름을 변경해 줍니다.

⓮ 마지막 '24' 레이어에서는 '19' 레이어의 움직임보다 더 많이 회전시켜, 더 강하게 손가락
관절을 꺾는 동작을 만들어 줍니다.

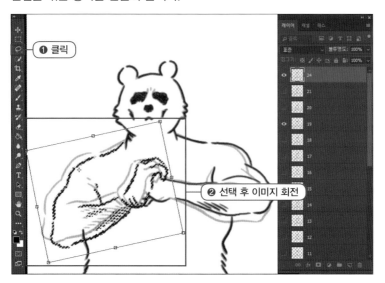

실전 이모티콘 만들기

⓯ 그리고 마지막으로 '20' 레이어와 '24' 레이어 사이에 중간 단계의 동작을 '21'~'23' 레이어로 만들어 줍니다. 여기까지 24장의 이미지를 이용해 구상한 기본 움직임을 모두 만들어 보았습니다.

레이어 추가

 TIP : 극적인 효과

'19' 레이어부터 '24' 레이어까지 손가락 관절을 꺾는 동작을 만들었는데, 이 동작과 동시에 이마의 주름이 더 선명해지는 애니메이션도 함께 만들어 주면 그 효과가 더 큽니다.

☺ 타임라인을 이용한 애니메이션 테스트

24장의 이미지가 모두 만들어졌으면, 작업한 이미지에 이상이 없는지, 애니메이션은 자연스럽게 움직이는지 [타임라인]을 이용해 테스트해 봅니다.

❶ 먼저 [타임라인]에서 [프레임 애니메이션 만들기] 버튼을 선택해, 미리 만들어 놓은 24장의 이미지로 24개의 프레임을 만듭니다. 챕터 1에서 학습한 '4프레임 애니메이션 만들기'를 참고합니다.

❷ [타임라인]의 플레이 버튼을 눌러 이미지를 움직여 보고, 어색하게 움직이는 부분은 없는지, 이미지에서 수정할 부분은 없는지 체크합니다.

❸ 이미지를 수정해야 할 부분이 발견되면, 애니메이션을 멈추고 해당 프레임을 선택합니다. 그 후 수정 레이어를 찾아 스케치한 이미지를 수정해 줍니다.

 TIP : 타임라인 지우기

스케치한 24장의 이미지를 애니메이팅 시켜 보고, 자연스럽게 움직인다는 사실을 확인 후 채색 단계로 넘어갑니다. 단, 움직임을 테스트하기 위해 만든 타임라인은 모두 삭제합니다(Shift를 누르고 2번 프레임부터 24번 프레임을 선택 후, 휴지통 아이콘을 눌러 삭제).

만약, 타임라인의 프레임을 삭제하지 않고 레이어를 추가해 채색하면, 아래 그림처럼 모든 프레임에 추가된 새로운 레이어가 보이게 됩니다. 이런 상황을 미연에 방지하고자, 채색 시에는 1번 프레임을 제외하고 나머지 프레임은 지워 줍니다.

채색하기 :

🙂 선 다듬기

애니메이션을 위한 24장의 스케치 레이어가 완성되었다면, 선 다듬기 작업을 해 줍니다. 선 다듬기는 두 가지 방법이 있는데, 24장의 스케치를 바탕으로 지우개 도구(E)와 브러시 도구(B)를 이용해 스케치 선을 보완해 깔끔하게 다듬는 방법과 스케치했던 레이어를 아래에 두고 새 레이어를 만들어 트레이싱하는 방법이 있습니다. 작업 시간이나 작업 효율을 고려해 자신에게 더 맞는 방법이 어떤 것인지 고민해 보고, 하나의 방법을 선택해 선 작업을 합니다. 어팬저씨의 경우, 새 레이어를 만들어 트레이싱하는 방법을 이용했습니다.

❶ 먼저 '1'~'24' 레이어를 모두 선택한 후, 그룹(Ctrl+G)을 만들어 줍니다. 그룹명은 '스케치'로 해 줍니다.

❷ '스케치' 그룹을 선택하고, 마우스 오른쪽 버튼을 눌러 [혼합 옵션] 메뉴를 선택합니다.

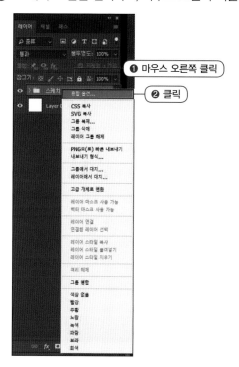

❸ '레이어 스타일' 창이 뜨면 [색상 오버레이]를 선택합니다. 색상이 보이는 작은 창을 클릭하면 색을 변경할 수 있는 [색상 피커] 창이 뜹니다.

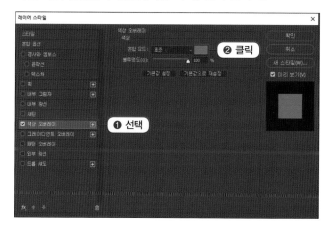

❹ 여기서 원하는 색상을 선택해 '스케치' 그룹에 있는 모든 레이어의 선 색을 변경해 줍니다.

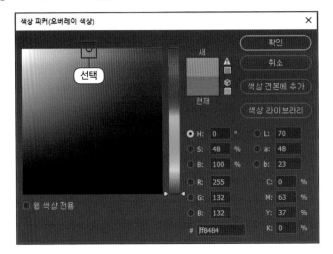

❺ 스케치 그룹 안의 모든 레이어 색상이 변경되었습니다. 스케치 그룹에 '1' 레이어만 눈 아이콘을 활성화해 보이게 합니다.

❻ 레이어 하나를 만들어 다시 '1' 이라고 레이어명을 지정해 줍니다.

'1' 레이어 추가

❼ 브러시([B])를 이용해 작업해 놓은 스케치를 그대로 트레이싱하는 방법으로 선을 만들어
줍니다.

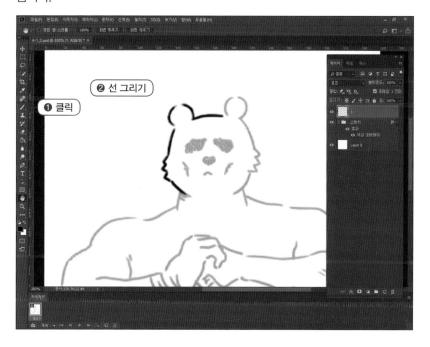

❷ 선 그리기

❶ 클릭

❽ 위와 같은 방법으로 '스케치'라는 그룹에 묶여 있는 '1'~'24'까지의 스케치를 한 장 한 장 트레이싱해, 24개의 선화 레이어를 만듭니다. 레이어명도 마찬가지로 '1'~'24'로 지정해 줍니다.

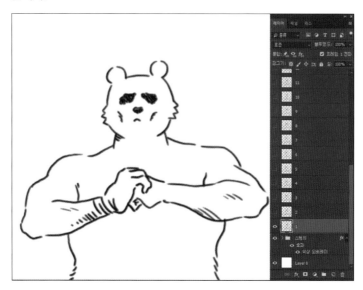

☺ 채색하기

애니콘 채색 작업도 스티콘 작업과 같습니다. 그러나 스티콘의 경우, 한 장만 공을 들여 색을 입히면 되지만, 애니콘은 최대 24장의 이미지가 필요하기 때문에 시간이 많이 소요됩니다. '어팬저씨'에서는 어떤 과정을 거쳐 채색하고, 어떻게 개성을 살렸는지 앞서 만들어 놓은 24장의 선화 이미지와 함께 만들어 보겠습니다.

❶ 먼저, 캐릭터에 색을 칠할 영역을 선택하기 위해 캐릭터의 외곽선을 따라 펜 도구(P)를 이용해 패스 선을 만듭니다.

❷ 선을 따라 패스 선을 완성했으면 화면 상단에 [선택] 버튼을 눌러 색칠할 영역을 선택합니다.

❸ '1' 레이어 아래로 새 레이어를 만들고 페인트 통 도구(ⓖ)로 흰색을 채웁니다. 배경색과의 구분을 위해, 가장 아래 '배경' 레이어의 색을 [레이어 옵션] 기능을 이용해 변경하였습니다.

❹ 캐릭터에 색을 넣고 싶은 영역이 선택되었다면, 흰색을 넣은 레이어의 레이어명을 '흰색_ 면'으로 변경합니다.

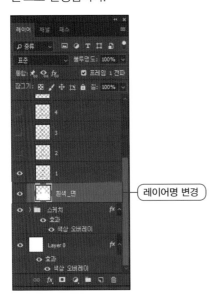

❺ '흰색_면' 레이어 위에 새 레이어를 하나 더 만들고 '무늬'라고 이름을 지정한 다음, [클리핑 마스크 만들기]를 합니다.

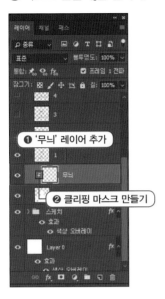

❻ '무늬' 레이어에 팬더 무늬 색을 넣으면, 클리핑 마스크 효과로 '흰색_면' 레이어에 지정된 흰 영역 밖으로 색이 침범하지 않습니다. 무늬 색이 선 바깥으로 벗어날 염려가 없으니 맘껏 칠해 캐릭터의 팬더 무늬 색을 채색 완료합니다.

❼ 새 레이어를 다시 하나 더 추가하고, '무늬' 레이어와 같이 [클리핑 마스크 만들기]를 합니다.

❽ 캐릭터의 그림자를 넣어 줄 레이어이므로, [레이어 모드]를 [곱하기]로 변경해 줍니다.

❾ [색상 피커]를 이용해 회색 계열의 색을 선택합니다.

💡 **TIP : 레이어 모드**

[레이어 모드]가 [곱하기]인 상태에서 회색 계열의 색을 칠하면 자연스러운 그림자가 만들어집니다.

❿ 브러시(B)를 이용해 팔 아래쪽, 눈과 코 밑, 귀 쪽에 그림자를 칠해 줍니다. 또 알기 쉽게 그림자의 레이어명도 '그림자'로 변경합니다.

⑪ '1' 레이어의 채색 작업이 모두 끝났다면, 그림과 같이 '1' 레이어에 해당하는 모든 레이어를 선택해 그룹으로 묶고 그룹명을 '1'로 변경합니다. '1' 레이어의 채색 작업이 끝났고, 같은 방법으로 '24' 레이어까지 24장을 모두 채색해 줍니다.

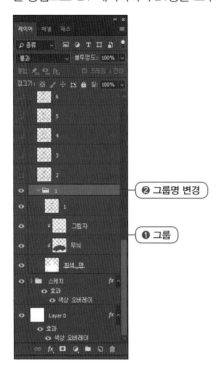

❷ 그룹명 변경

❶ 그룹

Chapter 04

타임라인에서
시간 설정 및 텍스트 효과 :

😊 타임라인에서 시간 설정하기

❶ 레이어 '1'~'24'까지의 채색이 모두 완료되었으면, 타임라인에서도 24개의 프레임을 만들어 줍니다.

❷ 타임라인에서 1번 프레임을 클릭하고, [Shift]를 누른 상태에서 24번 프레임을 선택하면 모든 프레임을 선택할 수 있습니다. 그다음 초를 선택해 주는데, [기타⋯] 버튼을 눌러 0.07초로 지정합니다.

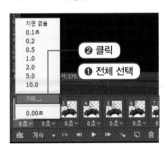

❸ 모든 프레임에 0.07초로 시간이 지정되었습니다. 5번 프레임 같은 경우는 머리 움직임 부분에 [동작 흐림 효과]가 적용되어, 다른 프레임보다 시간을 더 빠르게 적용해 주면 더 자연스러운 움직임을 구현할 수 있습니다. 0.03초로 시간을 지정해 줍니다.

❹ 고개를 반대로 움직인 13번 프레임에서도 [동작 흐림 효과]가 적용되어 있으므로, 0.03초로 시간을 변경해 줍니다.

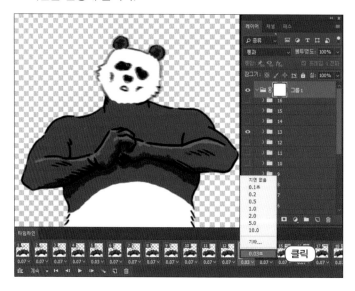

❺ 마지막 24번 프레임은 동작이 끝나는 프레임이고 위쪽으로 텍스트 효과가 들어갈 것을 감안해, 프레임 지속시간을 0.2초로 길게 지정해 줍니다.

❻ 타임라인의 시간 설정 기능으로, 창작자가 의도적으로 프레임 지속 시간을 조절할 수 있습니다. 이 기능을 이용하면 훨씬 더 효과적이고 다양한 애니메이션 연출이 가능합니다.

☺ 텍스트 효과

마지막으로 텍스트 효과에 관한 설명을 이어 나가겠습니다. 챕터2에서 "고개가 왼쪽에 머무를 때 '나대지', 오른쪽에 머무를 때 '마라'는 글씨가 생깁니다"라고, 텍스트 효과에 관한 부분도 연출 내용에 포함했습니다.

처음 구상한 내용대로, 텍스트에도 움직임을 적용해 보겠습니다. 텍스트 소스는 일러스트레이터 CC를 이용해 만듭니다.

❶ 일러스트레이터 CC에서 360×360px의 대지를 만들고, '나대지 마라!'라는 텍스트를 만듭니다. 이때, 사용하는 폰트는 상업적으로 사용 가능한 유료로 구매한 폰트나 무료 폰트를 이용합니다. 무료 폰트라고 할지라도, 상업적으로 사용이 제한된 폰트도 많으니 반드시 상업적으로 사용이 허용된 폰트인지 확인합니다. 어팬저씨에서는 '배달의 민족' 무료 폰트인 '연성체'를 사용하였습니다.

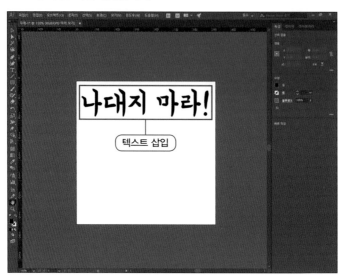

❷ 만든 텍스트를 하나 더 복사해, [문자(Ｔ)] – [윤곽선 만들기]로 텍스트의 윤곽선을 만들어 줍니다.

❸ 아래쪽 텍스트를 선택 후, [오브젝트(O)] – [패스(P)] – [단순화]를 선택합니다.

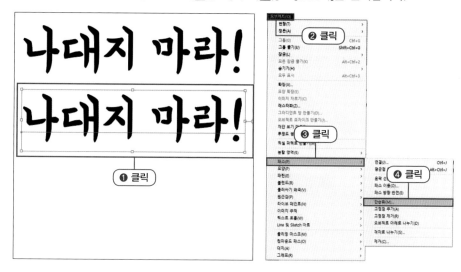

❹ 곡선 정밀도를 92%, 각도 한계 값을 160도로 조정해 텍스트에 변형을 줍니다. 이때, 지나치게 글씨 형태가 뭉개지지 않도록 유의합니다.

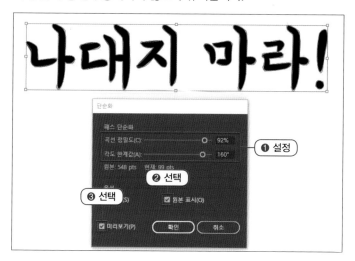

💡 TIP : '미리보기'와 '원본 표시'

'미리보기'와 '원본 표시'를 체크하면, 원본 글씨의 가이드와 실제 변형이 적용되는 정도를 확인할 수 있습니다.

❺ 텍스트 소스가 만들어졌으면, 애니메이션 작업을 해 놓은 포토샵 파일로 불러오는데, 그림과 같이 '고급 개체'로 가져옵니다. 이때, 만들어 놓은 타임라인에 24개의 프레임은 모두 다 지운 상태로 텍스트 소스를 가져옵니다.

 TIP : 오브젝트 가져오기

일러스트레이터에서 작업한 텍스트 오브젝트를 가져올 때는 해당 오브젝트를 선택해 복사(Ctrl + C), 포토샵에서 붙여넣기(Ctrl + V)하거나, 일러스트에서 선택한 오브젝트를 포토샵 작업 화면에 '드래그 앤 드롭' 방식으로 가져올 수 있습니다.

1. '고급 개체(스마트 오브젝트)'로 붙여넣기

고급 개체로 포토샵으로 가져오면 레이어에 다음과 같은 아이콘이 생깁니다.

벡터 고급 개체

불러온 오브젝트를 수정하고 싶을 때, 이 아이콘을 더블 클릭하면 일러스트레이터 프로그램이 자동으로 실행되어 일러스트레이터에서 직접 수정할 수 있습니다. 벡터 방식에서 작업한 이미지를 손실 없이 가져올 수 있고, 수정이 가능하기 때문에 보통 '고급 개체'로 붙여넣기를 많이 사용합니다.

2. '픽셀'로 붙여넣기

외형상으로는 고급 개체로 불러왔을 때와 차이가 없어 보입니다. 그러나 벡터 이미지가 비트맵 방식의 픽셀 이미지로 변환되므로 오브젝트 수정은 불가능합니다.

3. '패스'로 붙여넣기

오브젝트를 패스로 불러올 수 있는 기능입니다. 가져온 패스를 '선택 영역'으로 만들거나 '모양 레이어'
로 만들 수 있습니다.

4. '모양 레이어'로 붙여넣기

모양 레이어로 가져오면, 다음과 같은 모양 레이어가 생깁니다.

'직접 선택 도구'로 포토샵에서도 바로 수정이 가능한데, 오브젝트의 '모양(shape)'만 가져오므로, 색상
은 다시 지정해 주어야 합니다.

❻ 일러스트레이터에서 가져온 변형이 없는 텍스트 소스를 'txt1', 변형을 주었던 소스는 'txt2'
라고 레이어명을 지정하고, 4번 프레임부터 텍스트가 보이도록 하기 위해 '4' 폴더에 txt
그룹을 만듭니다.

❼ 텍스트에 흰색 테두리를 넣기 위해, 그룹으로 묶은 'txt' 폴더에 [레이어 스타일] – [획]을
줍니다. 이때, 선의 크기는 4px, 선 색은 흰색(#ffffff)으로 지정합니다.

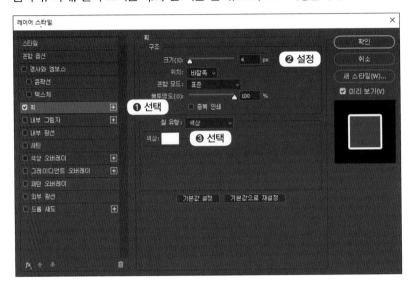

❽ 텍스트에 흰 테두리가 적용되었습니다. 그리고 '4' 폴더에서는 그림과 같이 'txt1' 레이어는
보이게 하고, 'txt2' 레이어는 '눈' 아이콘을 해제해 보이지 않게 합니다. 이는 애니메이션
될 때 'txt1'과 'txt2'가 번갈아 보이게 하기 위해서입니다.

❾ 머리가 왼쪽으로 향할 때 텍스트의 '나대지'라는 부분만 나오게 하기 위해, 뒷부분은 [레이어 마스크]로 가려 줍니다. [레이어 마스크]는 선택되지 않은 영역을 보이지 않게 가려 주는데, 텍스트의 '마라!' 부분만 사각형 선택 윤곽 도구(M)로 선택 후, 다시 반전 선택(Ctrl +Shift+I)하고 [레이어 마스크] 아이콘을 누르면, 그림과 같이 뒤쪽 텍스트는 보이지 않게 됩니다.

💡 **TIP : 레이어 마스크 튜토리얼**

레이어 마스크 기능을 이용해, 텍스트 일부를 보이지 않게 가려보겠습니다.

❶ '나대지 마라' 텍스트의 일부를 가려야 하므로, 'txt' 그룹을 선택합니다.

❷ 마스크로 가리고 싶은 부분을 선택합니다. 그
리고 키보드에서 Ctrl+Shift+I를 눌러 반
전 선택(선택한 영역을 뒤집어 선택)합니다.

❸ 그림에서 표시된 마스크를 추가할 수 있는 아
이콘을 누르면, 레이어 마스크가 적용됩니다.

❿ 그 후, 4번 프레임부터 텍스트가 서서히 나오는 효과를 주기 위해, 'txt' 그룹의 불투명도를
40%로 지정합니다.

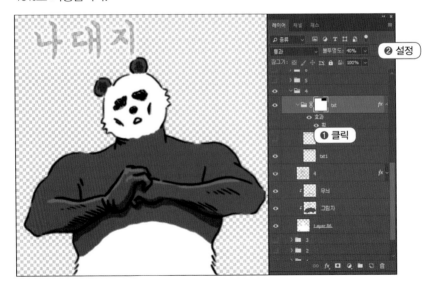

❶ '4' 폴더의 'txt' 그룹을 그대로 복사해, 5번 프레임의 '5' 폴더로 가져옵니다. 그리고 'txt1' 레이어는 보이지 않게 하고, 'txt2' 레이어는 보이게 합니다. 여기서 'txt' 그룹의 불투명도를 80%로 지정합니다.

❷ '6' 폴더에도 'txt' 그룹을 가져옵니다. 6번 프레임에서는 'txt1'이 보이도록 하고, 불투명도를 100%로 지정합니다.

⓭ 그렇게 12번 프레임까지 'txt1'과 'txt2'가 번갈아 보이게 해 줍니다. 13번 프레임에서는 다시 고개를 오른쪽으로 움직이게 되는데, '마라!'는 텍스트가 나오게 만들어 줍니다. 이때는 'txt' 그룹을 그대로 하나 더 복사해 '나대지' 부분을 [레이어 마스크]로 가립니다. 불투명도는 40%로 합니다.

⓮ 14번 프레임에서는 'txt' 그룹을 80%로 적용해 서서히 보이게 효과를 줍니다.

⓯ 15번 프레임부터는 텍스트 전체가 보이게 되므로, txt 그룹은 1개만 있으면 됩니다. 레이어 마스크는 모두 삭제하고 'txt2' 레이어가 보이게 해 줍니다.

⓰ 24번 프레임까지 'txt1'과 'txt2'가 번갈아 보이게 합니다.

⓱ 텍스트 효과가 모두 적용되었으면, 다시 타임라인에서 24프레임을 만들어 움직임을 테스트해 봅니다.

 TIP : 완성된 애니콘 GIF 및 PNG로 내보내기

• **GIF 파일로 내보내기**

[파일] – [내보내기] – [웹용으로 저장]을 선택해, GIF 파일로 저장할 수 있습니다.

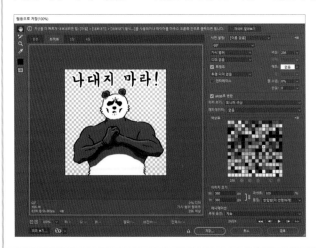

· PNG 시퀀스로 내보내기(비디오 렌더)

작업한 애니메이션을 PNG 파일로 만드는 과정은 카카오 이모티콘 샵에 제안한 이모티콘이 승인되었을 경우에 필요합니다. 이모티콘을 상품화하기 위해 카카오 자체 프로그램인 'WebPAnimator'을 사용하게 되는데, 이때 PNG 시퀀스 이미지를 이용합니다. 애니콘의 PNG 시퀀스 저장은 먼저 타임라인의 시간 설정을 모두 '지연 없음(0초)'이 되도록 설정합니다.

[파일] – [내보내기] – [비디오 렌더]를 선택해, PNG 이미지로 렌더링합니다.

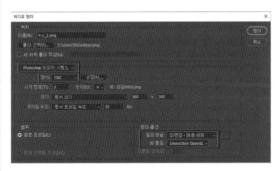

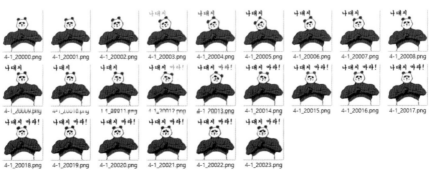

CREATE

EMOTICONS

Part

05

애니콘 제작2 – 애니메이트 CC (플래시)를 이용한 애니콘 만들기

. . . . .

지금까지 포토샵을 이용한 애니콘 만들기를 알아보았습니다. 이번 PART에서는 애니메이트 CC를 이용해 애니콘을 만드는 방법에 대해 알아보겠습니다. 애니메이트 프로그램은 벡터 기반의 프로그램이라는 점에서 비트맵 방식의 포토샵과는 차이가 있습니다.

벡터 방식은 이미지 크기를 자유롭게 편집할 수 있고 애니메이션 작업에 더 적합하기 때문에, 이모티콘 제작에도 많이 사용하고 있습니다. 또, 비트맵 이미지처럼 컬러링할 때, 선 작업과 면 작업을 따로 하지 않아도 된다는 점, 트윈 기능, 각종 효과를 적용하기에 유용하다는 점에서 실무에서도 주로 활용되고 있습니다. PART5에서는 애니콘 직업에 필요한 핵심 기능을 중심으로, 애니메이트를 처음 접하시는 분들도 쉽게 따라할 수 있도록 예제와 함께 설명하도록 하겠습니다.

애니메이트 CC를 활용하기 위한
선수지식 쌓기 :

☺ 벡터 방식과 비트맵 방식의 차이

벡터 방식과 비트맵 방식의 기술적인 설명보다 아래의 참고 그림을 중심으로 간략하게 살펴보겠습니다.

뚜디는 귀여워, 2018, ©Copin

'뚜디'라는 캐릭터가 있습니다. 이 캐릭터의 이미지를 다른 두 방식으로 확대시켜 보겠습니다.

벡터 방식과 비트맵 방식의 차이

왼쪽이 벡터 방식의 이미지입니다. 표현되는 그래픽의 '형태(Shape)'가 수학적인 값을 가지고 있어, 이미지를 확대해도 깨지지 않고 선명하게 보입니다. 반면, 비트맵 방식은 이미지를 이루는 최소 단위인 픽셀(Pixel) 수가 해상도를 결정하기 때문에 이미지 크기를 변경했을 때, 오른쪽에 보이는 것처럼 이미지가 깨집니다. 이처럼, 비트맵 방식의 포토샵과는 다르게 벡터 방식의 애니메이트에서는 크기를 변형해도 이미지가 깨지지 않는 장점이 있어, 이모티콘을 제작한 작업 소스를 MD 상품 및 인쇄물 등에 다양하게 활용할 수 있습니다.

☺ 포토샵의 타임라인(프레임 애니메이션)과 애니메이트의 타임라인의 차이

PART4에서 배운 포토샵의 타임라인은 아래의 그림과 같이 총 24개의 정지된 이미지를 차례로 보이게 해, 움직임을 나타내는 방식이라 할 수 있습니다. 반면, 애니메이트의 타임라인은 시간의 흐름과 레이어가 존재해, 레이어별로 보이는 각각의 그림(오브젝트)을 개별적으로 움직이게 만들 수 있다는 차이가 있습니다.

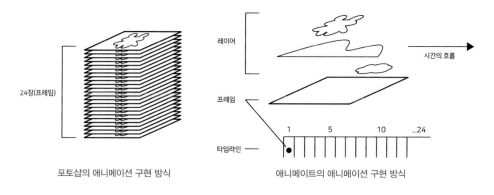

포토샵의 애니메이션 구현 방식   애니메이트의 애니메이션 구현 방식

위 그림을 보시면, 토끼 캐릭터 이미지가 가장 위쪽에 있고, 산 이미지와 구름 이미지가 각 층을 이루며 존재합니다. 애니메이트에서는 레이어별로 이미지를 배치하고, 시간의 흐름에 따라 각각 모션을 줄 수 있습니다. 프레임은 작업한 애니메이션의 한 장면이라 할 수 있는데, 프레임이 연속적으로 흘러가면서 애니메이션이 구현됩니다.

☺ 새로 만들기 및 작업화면

애니메이트 CC(2018버전)를 설치한 후, 프로그램을 실행합니다.

다음과 같은 창이 나타나면, [새로 만들기]에서 ActionScript 3.0 또는 AIR for Desktop을 선택하고 오른쪽 붉은 사각형 박스 안에 있는 [속성]을 확인합니다. 카카오 이모티콘을 기준으로 화면 사이즈는 가로, 세로 360px로 맞춥니다. FPS는 프레임 속도를 나타내는데, 프레임 수가 최대 24프레임으로 제한된 이모티콘 제작에 있어서 가장 적합한 속도인 12로 설정합니다.

 TIP : 프레임 속도

> 프레임 속도는 1초당 재생되는 프레임 수를 의미합니다. 만약 프레임 속도가 24fps이라면, 24프레임
> 이 재생되는 시간이 1초임을 의미합니다. 다시 말해, 24fps에서 12프레임 재생 시간은 0.5초이고, 12fps
> 의 12프레임 재생 시간은 1초가 됩니다. 만약 12fps에서 0.5초만 사용하고 싶다면 몇 프레임이 필요할
> 까요? 예, 6프레임입니다. 24fps에서 0.5초에 12프레임을 사용했던 것에 비해 프레임 수가 절반으로 줄
> 었습니다.

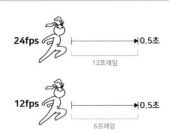

이렇게 설정된 프레임 속도에 따라 시간과 프레임 수가 달라질 수 있는 점 참고 바랍니다. 프레임 수가 적어 24fps보다 움직임이 덜 부드럽다 하더라도, 이모티콘 작업에서는 24프레임 이내에서 동작을 표현한다는 점. 작업한 애니메이션을 png 이미지로 출력한 뒤 타이밍 조절을 포토샵(또는 WebP 같은 플랫폼 자체 프로그램)의 '프레임 애니메이션'에서 재조정할 수 있다는 점에서 12fps로 작업하시기를 권합니다.

다음은 애니메이트 작업화면에 대해 간단하게 소개하겠습니다.

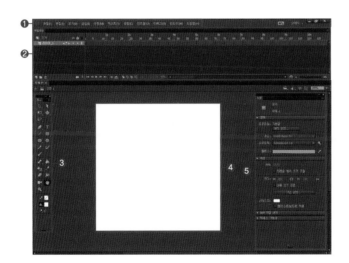

❶ **메뉴:** 탭별로 애니메이트에서 사용하는 기능을 분류해 놓았습니다.

❷ **타임라인 패널:** 애니메이션의 시간과 레이어를 다루는 패널입니다.

❸ **두구 패널:** 애니메이션 제작을 위해 필요한 기능을 아이콘 형태로 모아 놓은 패널입니다.

❹ **스테이지:** 실제 이미지를 작업하고, 애니메이션이 보이는 영역입니다.

❺ **속성 패널:** 스테이지의 크기 및 프레임 속도 등 작업에 필요한 기본 설정을 보여 주고 변경할 수 있는 패널입니다.

TIP : 도구 패널

❶ **선택 도구(V):** 오브젝트를 선택하거나 이동시킬 수 있습니다.

❷ **세부 선택 도구(A):** 패스를 선택할 때 주로 사용하며, 오브젝트를 변형할 수 있습니다.

❸ **펜 도구(P):** 곡선이나 직선 등 자유롭게 원하는 모양을 만들고 패스를 변형할 수 있습니다.

❹ **선 도구(N):** 직선을 그릴 때 사용합니다. 선택 도구를 이용해, 직선을 손쉽게 곡선으로 만들 수 있습니다(선 속성을 가짐).

❺ **브러시 도구(B):** 펜 타블렛을 이용해 원하는 형태의 그림을 그릴 수 있습니다(면 속성을 가짐).

❻ **페인트 통 도구(K):** 오브젝트의 색상을 변경할 때 이용합니다.

❼ **스포이드 도구(I):** 오브젝트의 색상을 추출합니다.

❽ **손 도구(H):** 작업 영역을 이동시킬 수 있습니다.

❾ **돋보기 도구(Z):** 작업 영역을 확대하거나 축소할 수 있습니다.

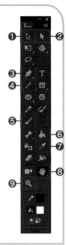

 TIP : 타임라인 패널

❶ **레이어:** 시간에 따라 프레임과 모션 트위닝을 표시합니다.

❷ **새 레이어:** 새 레이어를 만들 수 있습니다.

❸ **새 폴더:** 레이어가 많을 때, 정리할 수 있는 폴더를 만듭니다.

❹ **삭제:** 레이어를 삭제합니다.

❺ 모든 레이어를 표시하거나 숨길 수 있습니다.

❻ 모든 레이어를 잠그거나 잠금을 해제할 수 있습니다.

❼ 모든 레이어를 외곽선으로 표시할 수 있습니다.

❽ 애니메이션을 재생하거나 원하는 프레임으로 이동할 수 있습니다.

❾ **루프(Shift+Alt+L):** 애니메이션을 반복 재생합니다.

❿ **어니언 스킨(Shift+Alt+O):** 여러 프레임의 움직임 변화를 한번에 알 수 있게 보여 줍니다.

⓫ **어니언 스킨 외곽선:** 움직임의 변화를 외곽선의 형태로 보여 줍니다.

⓬ **현재 프레임:** 선택한 프레임을 표시합니다.

⓭ **프레임 속도:** 1초당 재생되는 프레임 수를 보여 줍니다

⓮ **경과 시간:** 플레이 헤드가 위치한 프레임까지의 재생 시간을 표시합니다.

⓯ **플레이 헤드:** 현재 재생되는 프레임의 위치를 보여 주고, 프레임을 선택하면 해당 위치로 이동합니다.

벡터 파일 기반의
스티콘 만들기 :

☺ 선 도구를 이용한 스티콘 작업 과정

애니메이트의 기본 기능을 살펴보았는데, 애니콘 작업에 앞서 '선 도구'를 이용해 스티콘을 만드는 과정을 알아보도록 하겠습니다.

자만토끼, 2018, ©Copin

앞서, 여러 번 소개해 드렸던 '자만토끼' 캐릭터로 스티콘 작업 과정을 간단히 설명하겠습니다.

[예제파일: 파트5_자만토끼 스케치.jpg]

❶ 가로, 세로 360px의 새 작업 화면을 만듭니다.

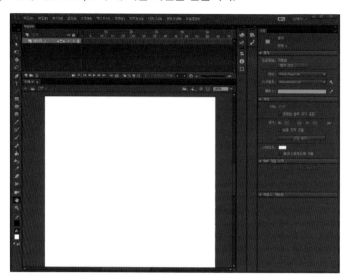

❷ 간단하게 캐릭터가 스케치되어 있는 '파트5_자만토끼 스케치' 이미지를 불러옵니다.

❸ 밑그림 전체를 선택하고 마우스 오른쪽 버튼을 눌러 [심볼로 변환]을 선택합니다. 또는,
단축키가 F8이니, 단축키를 이용해 심볼로 변환합니다. 심볼 이름은 '밑그림'으로, 유형은
[그래픽]으로 설정합니다.

 TIP : 심볼 유형 설정

오브젝트를 심볼로 변경 시, 아래와 같은 팝업 창이 나옵니다. [확인] 버튼을 누르기 전에 [유형]이 어
떻게 설정되어 있는지 확인합니다. 이모티콘 작업에서는 유형을 '그래픽'으로 설정합니다.

❶ **동영상 클립:** 필터와 블랜드 모드를 사용할 수 있는 애니메이션 및 동영상 기능을 더 강화한 유형이
   며, 심볼에 적용된 애니메이션 움직임은 [컨트롤] – [테스트]에서 확인 가능합니다.

❷ **버튼:** 웹이나 UI 디자인에서 주로 사용하는 유형으로 액션스크립트로 링크를 넣을 수 있습니다.

❸ **그래픽:** 그래픽, 애니메이션, 동영상 작업이 가능하고, 스테이지 화면에서 바로 심볼에 적용한 애니
   메이션을 확인할 수 있어, 프로그램 숙련도에 따라 개인 차가 있지만 이모티콘 작업에서 많이 사용
   합니다.

❹ 오른쪽에 보이는 '색상 효과'에서 스타일을 [알파]로 지정하고, 알파를 50%로 설정해 줍니다. 이는 선 도구로 선과 면을 만들어 주기 위해, 아래에 그림을 연하게 깔아 두는 것입니다.

❺ 레이어명을 '밑그림'으로 변경합니다. '밑그림' 레이어는 작업이 안 되도록 자물쇠 아이콘을 눌러 잠급니다. 새 레이어를 하나 만듭니다.

❻ 새 레이어를 선택한 후 선 도구(N)를 눌러, 밑그림을 따라 귀 모양을 만들어 줍니다. 선 색상은 검정(#000000)으로, 획의 높이는 4로 지정합니다.

TIP : 선 도구에서 만든 직선을 곡선으로 만들기

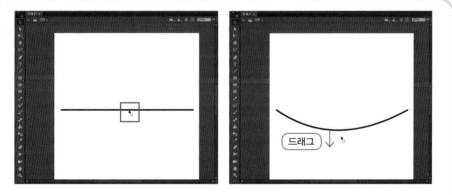

선택 도구(V)를 선택하고 선 오브젝트에 마우스 포인터를 가져가면, 포인터 옆쪽에 곡선이 나타납니다. 원하는 방향으로 드래그하면 직선을 곡선으로 변형할 수 있습니다.

❼ 왼쪽 귀 모양이 완성되었으면, 귀와 머리가 연결되어 있는 부분에도 선을 추가해 선을 닫아 줍니다.

❽ 선이 닫혔으면 페인트 도구(K)로 귀 부분에 흰색 면을 채워 넣습니다.

세부 선택 도구(Ⓐ)로 선을 클릭하면, 패스를 이용해 선을 수정할 수 있는데, 선과 선의 연결 이 빈틈없이 맞물려 있는지 확인합니다.

색을 채워 넣어야 하는 선 작업 시, 도구 패널에서 자동으로 선과 선이 맞물릴 수 있게 도와 주는 '객체 물리기' 버튼(자석 모양의 버튼)이 선택되어 있는지 확인합니다.

❾ 페인트를 이용해 흰 면을 채웠다면, 귀밑 쪽에 닿아 놓았던 선을 지워 줍니다. 그리고 귀를 전체 선택해 심볼로 변환합니다. 이번에도 마찬가지로 심볼명을 '왼쪽 귀'로 적고, 유형은 [그래픽]으로 지정합니다.

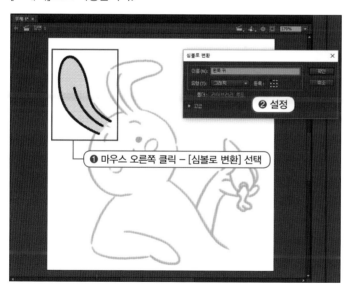

⑩ 작업한 '왼쪽 귀' 오브젝트가 '심볼'로 저장되어, 푸른색 박스가 생겼습니다.

⑪ 왼쪽 귀를 만들었던 방법대로 귀, 머리, 눈, 코, 입, 몸통 등 각 파트별로 '심볼'을 만들어 스티콘 작업을 진행합니다. 참고로 선택한 심볼을 다른 심볼보다 앞으로 혹은 뒤로 보내기 위해서는 Ctrl + 방향키 ↑ 또는 ↓를 이용합니다.

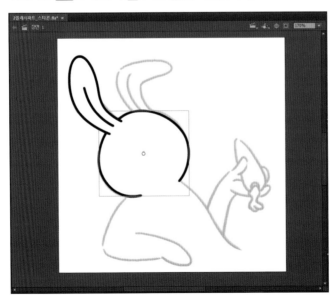

⓬ 각각의 파트별로 '심볼'을 만들어 구성한 스티콘이 완성되었습니다.

⓭ PNG 파일로 저장해 포토샵에서 불러오면, 배경이 투명한 스티콘 이미지가 완성되었음을
확인할 수 있습니다.

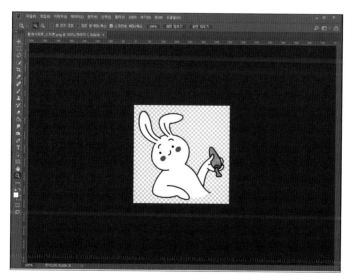

TIP : 심볼을 레이어에 배포하는 방법

심볼을 '레이어에 배포'는 말 그대로 한 레이어에 만들어진 각 심볼을 레이어별로 배포해 주는 기능입니다. 만약 캐릭터 전체를 하나의 심볼로 만들면 트윈은 한 번밖에 적용할 수 없으며, 애니메이션을 한 레이어에서 작업하기도 어렵습니다. 레이어 배포를 하면 파트별로 제작한 심볼을 따로 트윈을 적용해 줄 수 있다는 장점이 있기 때문에, '레이어 배포'를 이용해 한 레이어에 있는 여러 심볼을 여러 개의 레이어로 만들어 줍니다.

화면 오른쪽 '라이브러리' 창을 보면, 각 파트별로 저장된 각각의 심볼이 보입니다. 이 스티콘을 작업한 화면에서,

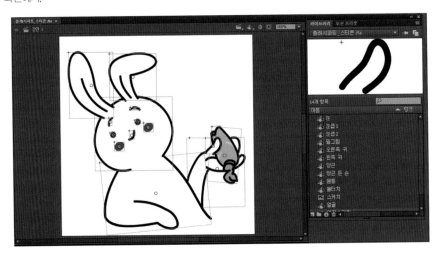

각 파트별로 심볼로 저장된 오브젝트를 선택 도구(V)로 선택합니다.

전체 오브젝트를 선택한 상태에서, 마우스 오른쪽 버튼을 클릭해 [레이어에 배포]를 선택합니다.

파트별 심볼이 레이어로 배포되었습니다. 이제 각각의 파트를 각 레이어에서 애니메이션 작업할 수 있게 되었습니다. 마지막으로 하나 덧붙이면, 작업한 스티콘 전체를 하나의 심볼로 만들어, 심볼 편집으로 심볼 안에서 '레이어에 배포'도 가능해 다양하게 응용할 수 있습니다.

심볼과 트윈 :

이번 챕터에서는 '심볼' 안에서 이미지를 편집하고 애니메이션 효과를 적용하는 법과 '트윈' 기능을 알아보겠습니다. 그에 앞서 '심볼'과 '트윈'에 대해 간략하게 설명하자면, '심볼'은 심볼로 지정한 각 파트를 개별적으로 애니메이션과 편집할 수 있습니다.

그림처럼 캐릭터의 양쪽으로 '묶은 머리'와 '얼굴'을 각각의 심볼로 등록하면, 각 심볼별로 움직임을 줄 수 있습니다. 또 심볼의 이미지를 개별적으로 수정할 수도 있습니다. '트윈'은 오브젝트나 심볼의 처음과 마지막 사이의 중간 모션을 자연스럽게 연결하는 기능입니다. '심볼'과 '트윈'은 애니메이트로 애니콘 만들기의 핵심 기능이라 할 수 있는데, 이번에도 '자만토끼' 캐릭터를 가지고 간단하게 모션을 적용해 보겠습니다. 자만토끼는 B급 감성을 담은 이모티콘이라 어렸을 때 친한 친구에게 한 번씩 해 봤을 법한 장난인 '머거'라는 모션을 구상했는데요. 예제로 만들어 볼 모션을 정리하면 이렇습니다.

1. 주먹 쥔 손이 움직이고,

2. 손을 펼쳐서 앞으로 내밀면,

3. 손 안에 있던 방귀 냄새가 점점 퍼져 나갑니다.

❶ 실습을 위해 제공되는 '파트5_자만토끼' 파일을 다운로드받아 실행합니다.

❷ 캐릭터를 각각의 파트로 나눠 심볼을 만들고 만든 심볼을 레이어에 배포합니다. 여기서 레이어를 자세히 보시면, '손2'라고 적힌 레이어가 '토끼' 레이어 위아래로 존재합니다. 두 레이어 모두 같은 토끼의 왼손을 나타내는데, 위의 '손2' 레이어는 펼친 손이고 아래의 '손2' 레이어는 주먹쥔 손입니다. 펼친 손을 '토끼' 레이어 위로 배치하면 몸 앞으로 손을 펼치는 것을 표현할 수 있습니다.

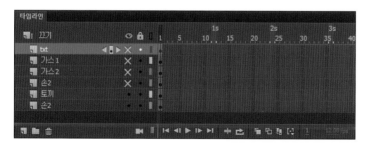

❸ '토끼' 레이어를 타임라인에서 24번 프레임을 선택한 다음 프레임을 추가(F5)합니다. 24번 프레임까지 팔을 살짝 기댄 토끼 이미지가 생겼습니다.

 TIP : 프레임 추가와 키프레임은?

위 그림처럼 오브젝트를 만들면, 타임라인에 검은 점으로 표시된 키프레임이 생깁니다. 이처럼 오브젝트의 크기와 위치를 지정하는 프레임을 키프레임이라고 합니다. 프레임 추가는 키프레임을 원하는 만큼 늘려 주는 것을 말합니다.

예를 들어, 그림의 캐릭터가 심볼 등록된 상태에서 키프레임을 연장하고 싶은 프레임을 선택(클릭)해 줍니다.

그 다음, 프레임 추가(F5)를 해주면, 그림과 같이 프레임이 연장됩니다.

❹ 여기서 '반복해서 깜빡이는 눈'을 만들어 줍니다. '눈' 심볼을 더블 클릭하면, 눈만 부분적으로 애니메이션 작업할 수 있는 화면이 나옵니다. 눈을 7번 프레임까지 프레임 추가(F5)합니다.

❺ 8번 프레임에 키프레임을 삽입(F6)합니다. 그리고 눈을 감는 과정인 조금 감긴 눈을 만들어 줍니다.

TIP : 심볼에서 편집하기 및 키프레임 추가하기!

❶ 프레임 추가했던 화면에서 심볼로 만든 캐릭터를 더블 클릭합니다.

더블 클릭

❷ '심볼1'의 편집 화면으로 들어왔습니다.

❸ 심볼 편집 화면에서는 그림과 같이 심볼의 선
이나 면을 수정할 수 있습니다.

❹ 애니메이션 작업도 가능한데, 간단한 움직임을
만들어 보겠습니다. 그림과 같이 3번 프레임까
지 프레임을 추가(F5)합니다.

❺ 3번 프레임에서 키프레임을 추가(F6)합니다.
1번 프레임에 있던 키프레임을 그대로 복사한
것인데요. 여기서 모양을 조금씩 변경해 캐릭
터에 모션을 줄 수 있습니다.

❻ 직접 선택 도구(A)를 이용해 귀 위치와 모양
에 조금 변형을 줍니다. 여기서 [어니언 스킨]
기능을 이용하면, 이전 프레임의 모양을 보면
서 작업할 수 있어 편리합니다.

❼ 또 5번 프레임까지 프레임 추가(F5)를 해 줍니다.

❽ 5번 프레임에서 다시 키프레임을 추가(F6)하고,

❾ 캐릭터의 귀를 조금 더 움직여 줍니다.

⓵ 6번 프레임에서 다시 프레임을 추가(F5)하면,

⓸ 심볼 편집 화면에서 귀를 움직이는 간단한 모션이 만들어집니다.

❻ 9번 프레임에 키프레임을 삽입(F6)합니다. 이전 프레임보다 더 감긴 눈을 만듭니다.

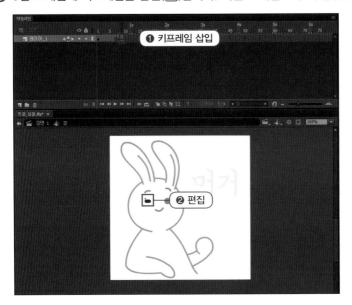

❼ 같은 방법으로 10번 프레임도 키프레임을 삽입(F6)하고 눈이 완전히 감긴 이미지를 만들어 줍니다. 애니메이션이 잘 만들어졌는지 재생 버튼을 눌러 확인해 봅니다. 심볼 애니메이션 효과 작업이 완료되었으면, 뒤로 가기 화살표를 눌러 '장면 1' 화면으로 나갑니다.

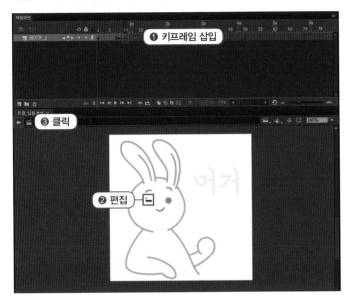

❽ 애니메이션을 적용한 '눈' 심볼을 선택하면, 오른쪽 화면에 '루프'라는 카테고리가 보일 것입니다. 전체 모션에서 캐릭터의 눈이 반복적으로 깜빡여야 하므로, '옵션'에서 [루프]라는 항목을 선택합니다.

TIP : 루프 옵션

상황에 따라 [한 번만 재생]을 선택하거나 [단일 프레임]으로 설정할 수 있습니다.

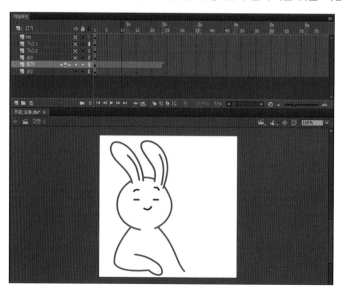

❾ 오른쪽 눈도 왼쪽 눈의 심볼을 복사해 만들었으므로 동일하게 애니메이션이 적용되었습니다. '장면1' 화면에서 재생 버튼을 눌러 양 눈이 깜빡이는 것을 확인합니다.

⑩ 다음은 한쪽 손을 드는 모습을 트윈을 적용해 보도록 하겠습니다. 손을 들어 펼치기 전까지 동작입니다. 먼저 적당하게 '손2' 레이어의 프레임을 추가(F5)해 줍니다.

⑪ 추가된 프레임을 선택 후, 마우스 오른쪽 버튼을 눌러 [클래식 트윈 만들기]를 선택합니다.

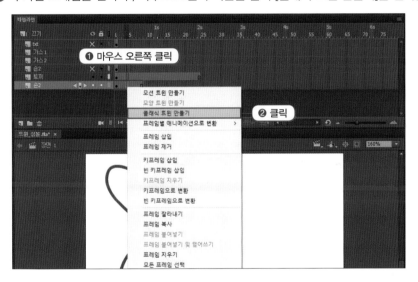

트윈은 오브젝트와 오브젝트 사이를 자연스럽게 연결해 주는 기능이라고 생각하면 됩니다. 트윈의 종류는 모션 트윈, 모양 트윈, 클래식 트윈이 있습니다.

1. 모션 트윈

모션 트윈을 적용하면 타임라인에 하늘색으로 표시됩니다. 심볼로 등록된 오브젝트를 원하는 시간(프레임)에서 위치를 움직여 주면, 자동으로 키프레임이 생성됩니다.

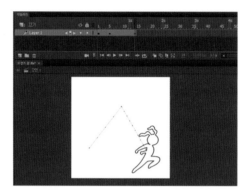

2. 모양 트윈

위 그림처럼 귀 모양과 무릎 위치가 조금 다른 두 캐릭터(서로 다른 모양의 오브젝트)를 자연스럽게 연결시켜 주는 트윈입니다. 단, 모양 트윈에서는 심볼로 등록하면 트윈이 적용이 되지 않으므로, 심볼화하지 않은 상태에서 트윈을 적용해야 합니다.

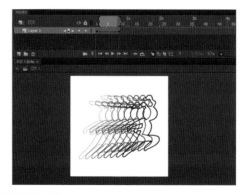

3. 클래식 트윈

이모티콘 작업에서 주로 사용하는 트윈입니다. 클래식 트윈은 중요하니 조금 더 세세하게 설명하겠습니다.

❶ 오브젝트를 심볼로 만들고, 프레임을 추가(F5) 합니다.

❷ 트윈이 적용될 프레임을 선택하고, 마우스 오른쪽 버튼을 누릅니다. 그런 다음 [클래식 트윈 만들기]를 선택합니다.

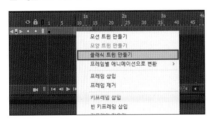

❸ 프레임에 트윈이 적용되어, 색상이 변하고 점선이 생겼습니다.

❹ 여기에서, 키프레임을 추가(F6)하면 화살표가 생깁니다. 그리고 캐릭터를 움직여 마지막 키프레임 위치를 원하는 지점으로 이동합니다. 타임라인에서 키프레임을 이동(키프레임 클릭 후 드래그)시켜 움직이는 타이밍을 조절할 수 있습니다.

❺ 클래식 트윈이 적용되었습니다. 키프레임에 설정한 위치로 오브젝트가 자연스럽게 이동합니다.

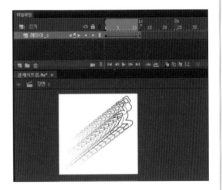

⓬ 손을 들어 올린 적당한 지점을 선택해, 키프레임을 삽입(F6)해 줍니다.

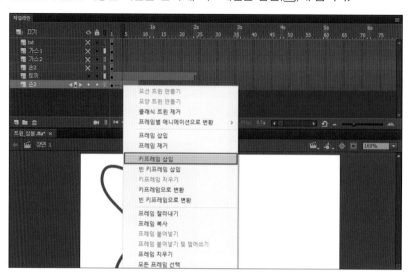

⓭ 트윈을 적용한 프레임에 '화살표'가 생겼는지 확인합니다. 그 후 키프레임의 위치를 손을 펼치기 시작할 지점으로 이동시킵니다. 타임라인의 현재 프레임을 표시하는 플레이 헤드를 움직여, 움직임이 제대로 적용되었는지 확인해 봅니다.

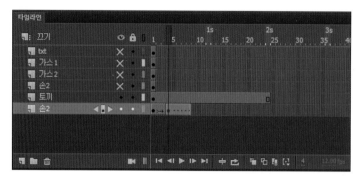

⑭ 삭제할 프레임을 선택 후, 마우스 오른쪽 버튼을 눌러 [프레임 제거]를 선택합니다.

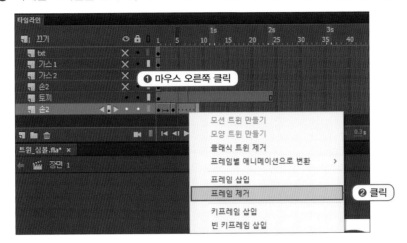

⑮ '손2' 레이어의 키프레임 이후의 불필요한 프레임이 삭제되었습니다.

❶ 주먹 쥔 손을 살짝 펼친 동작을 만들어 줍니다. 먼저, 5번 프레임에 키프레임을 하나 삽입(F6)합니다. 여기서는 '심볼 교체' 기능을 이용해 살짝 펼친 손을 만듭니다.

❶ 키프레임 삽입

❷ 동작 만들기

 TIP : 심볼 교체

'심볼 교체'란 캐릭터의 움직임을 표현하기 위해, 같은 모양의 심볼을 복사해 변화를 주는 것을 말합니다. 비슷한 동작에 조금씩 변화를 줘서 움직임을 표현하는 것이 애니메이션의 기본 원리인 만큼, 심볼 교체 기능은 꼭 기억하도록 합니다.

❶ 키프레임을 삽입(F6)해 교체할 심볼을 복사합니다.

키프레임 추가

❷ 교체할 심볼을 선택 도구로 선택한 상태에서 속성 창에 보이는 [교체] 버튼을 클릭합니다.

❸ '심볼 교체' 창이 뜨면, 그림의 [심볼 복사] 버튼을 눌러 복사합니다.

❹ '심볼 복제' 창이 뜨면, 복제된 심볼명을 다시 지정한 후 확인 버튼을 누릅니다.

❺ 심볼이 교체되었습니다. 이전 프레임을 확인하면서, 살짝 펼친 손을 만들어 주기 위해 어니언 스킨을 사용합니다. 수정할 심볼을 더블 클릭합니다.

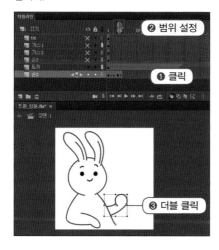

❻ 교체된 심볼을 수정할 수 있는 심볼 편집 화면으로 들어왔습니다.

❼ 직접 선택 도구(Ⓐ)와 선 도구(Ⓝ)를 이용해, 펼치기 직전의 손 모양을 만들어 줍니다.

❽ 심볼 편집 화면을 빠져나오면, 심볼 교체가 완료되었습니다. 플레이 헤드를 이동해 만들어진 움직임을 확인해 봅니다.

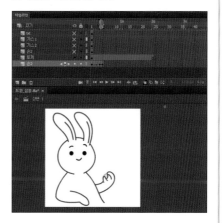

⑰ 6번 프레임부터 손을 드는 '손2' 레이어 대신, '토끼' 레이어 위쪽에 손을 펼치는 '손2' 레이어가 보이게 그림과 같이 1번 프레임에 있는 키프레임을 드래그하여 6번 프레임으로 위치를 이동시킵니다.

⑱ '펼친 손'을 내미는 것을 표현하기 위해, 여기서도 트윈을 이용해 오브젝트 사이즈를 크게 적용합니다. 적당한 위치까지 프레임을 추가(F5)하고, 앞서 했던 방식으로 [클래식 트윈]을 적용해 펼친 손의 크기를 17번 프레임 지점까지 서서히 커지도록 해 줍니다.

⑲ 내미는 손을 멈출 수 있도록 17~24번 프레임까지는 프레임 추가(F5)해 줍니다. 이때 24번 프레임까지 클래식 트윈이 연장되는데, 점으로 표시된 뒤쪽 클래식 트윈 부분을 선택 후 마우스 오른쪽 버튼을 클릭해 [클래식 트윈 제거]를 해 줍니다.

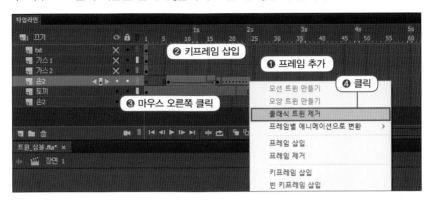

⑳ 17~24번 프레임까지 클래식 트윈이 제거되었습니다.

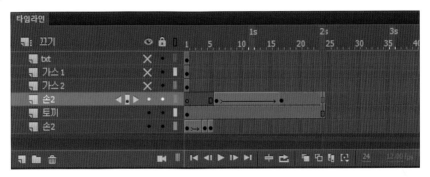

㉑ 손을 펼칠 때 나오는 '방귀 가스'도 동일한 방법으로 트윈을 적용해 작업합니다. 해당 레이어는 '가스1'과 '가스2'입니다.

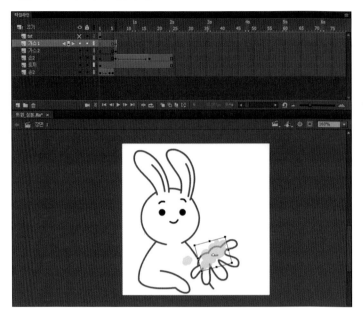

㉒ 작업 방법은 같습니다만, '방귀 가스'의 경우는 가스가 퍼져 나가는 분위기를 연출하기 위해 크기 변경과 함께 투명도에도 변화를 줍니다. 투명도는 해당 오브젝트를 선택하고 오른쪽 '색상 효과' 카테고리에서 '스타일'을 [알파]로 지정한 후 아래쪽 알파값을 변경해 자연스럽게 변하도록 효과를 적용합니다.

1. 크기

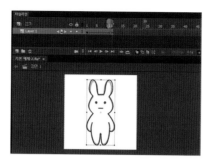

트윈이 완료되는 지점의 키프레임을 선택해 크기를 조정합니다. 단축키(Q)를 누르면 자유 변형 박스가 생기고, 원하는 만큼 크기를 조절할 수 있습니다.

2. 회전

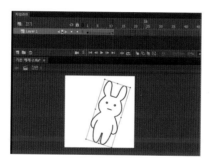

회전도 마찬가지로 자유 변형에서 회전시킬 수 있습니다. 단, 회전축은 트윈 중간에 바꿀 수 없다는 사실을 꼭 기억합니다. 트윈을 적용하기 전에 첫 번째 키프레임에서 원하는 위치에 회전축을 옮겨 놓고 자유 변형(Q)을 이용해 회전시킵니다.

3. 알파값

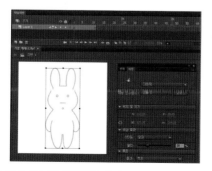

알파값은 투명도 설정을 말하는데, 트윈으로 투명도를 설정해 오브젝트가 서서히 보이는 애니메이션을 만들 수 있습니다. 심볼로 등록된 오브젝트를 선택 후, 오른쪽 속성 패널의 [색상 효과]에서 스타일을 [알파]로 선택하고, 해당 수치를 30%로 조절합니다.

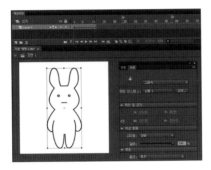

그리고 뒤쪽 키프레임의 알파값을 100으로 설정하면, 서서히 보이는 애니메이션이 만들어집니다.

㉓ '가스2' 레이어도 마찬가지로 서서히 색이 진해지면서 오브젝트 사이즈가 커질 수 있게 트윈을 적용합니다.

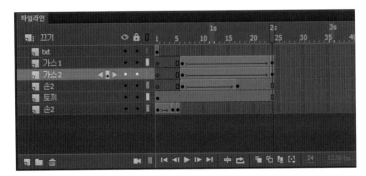

❷❹ 텍스트도 마찬가지로 '알파값' 조정과 '크기' 변화로 트윈을 적용해 줍니다.

❷❺ 글씨가 '파르르' 떨리는 듯한 효과를 주기 위해 프레임 중간에 트윈을 멈춥니다.

㉖ 그림과 같이 프레임을 선택 후, 키프레임을 추가(F6)합니다.

㉗ 새롭게 만들어진 키프레임마다 텍스트 오브젝트를 키보드의 방향키로 위치를 조금씩 움직여 줍니다. 프레임마다 텍스트의 미세한 위치 변화로 '떨리는' 효과를 줄 수 있습니다.

❷❽ 다음과 같이 의도했던 애니메이션이 완성되었습니다. 플레이를 재생시켜 모션을 확인해
봅니다.

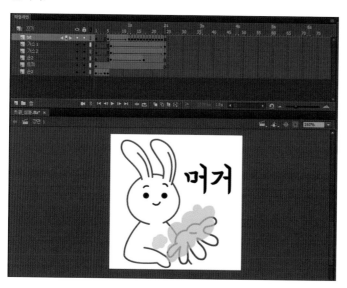

 TIP : 트윈에서 이지값(Classic Ease) 설정

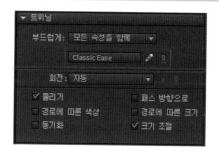

트윈 애니메이션에서 이지값은 움직임에 가속도를 줄 수 있는 기능입니다. 이 기능을 잘 활용하면, 서서
히 움직이다가 서서히 멈출 수 있기 때문에 자연스럽고 세련된 모션을 연출할 수 있습니다. 그림에서는
'Classic Ease'라는 항목의 수치가 '0'으로 되어 있는데, −100은 감속을, +100은 가속을 의미합니다. 이
값을 조정해 움직임의 부드러운 강도를 조절할 수 있습니다.

응용하기 :

이번 챕터에서는 라인에 서비스되고 있는 이모티콘 '뚜디'와 이모티콘 캐릭터로 개발 중인 '테니'의 작업 과정을 한번 살펴보도록 하겠습니다. 참고로 뚜디의 경우 라인에서 서비스되고 있는 이모티콘이지만, 카카오 이모티콘샵에 맞는 규격과 제작 방식으로 구성하였습니다.

Copin Communications
뚜디는 귀여워
귀여운 꼬마 뚜디의 움직이는 데일리 스티커 입니다.
2,500원

| 선물하기 | 구입하기 | ♡ |

사용환경
iOS, Android용 라인 4.4.0, Windows Phone용 라인 3.7 이상에서 사용 가능

주의사항
본 상품의 애니메이션 효과는 iOS, Android용 라인 앱 버전 4.4.0, Windows Phone용 라인 앱 버전 3.7 이상에서 확인 가능합니다

스티커를 클릭하면 미리보기를 확인할 수 있어요

라인 스토어 '뚜디는 귀여워' 서비스 페이지 캡처

☺ 뚜디의 작업 과정

❶ 먼저, 표현하고자 하는 동작을 구상하고 스케치합니다. 이 이모티콘의 경우 '뚜디'가 화가 나서 발차기하는 동작을 표현하고자 합니다.

뚜디는 귀여워, 2018, ©Copin

❷ 스케치가 완료되었으면, 앞서 설명해드린 바와 같이 라인과 색을 채워 파트별로 작업을 진행합니다. 움직임이 들어가는 부분은 모두 분리해서 심볼로 등록하면 작업하기 편리합니다.

❸ 뚜디가 화가 나 '씩익 씩익'하는 움직임을 볼이 움직이고 양 갈래의 머리가 올라가게 만들
어 줍니다. 3장의 그림으로 총 6프레임을 사용합니다.

❹ 6번 프레임까지 작업한 모션을 복사해 한 번 반복되게 하고, 발차기를 시작하기 직전의
동작에는 한 프레임을 추가해 타이밍을 조절합니다. 여기까지 총 13프레임이 사용되었습
니다.

❺ 정지 동작과 발차기 동작을 자연스럽게 이어 주는 중간 프레임을 만듭니다. 총 15프레임이 사용되었습니다.

❻ 발차기는 동작이 반복해서 나오기 때문에 심볼로 만든 후 심볼 안에서 애니메이션 효과를 적용해 줍니다. 키프레임을 추가해 캐릭터 전체를 심볼로 만들고, 심볼 안에서 3프레임을 사용한 발차기 동작을 완성합니다.

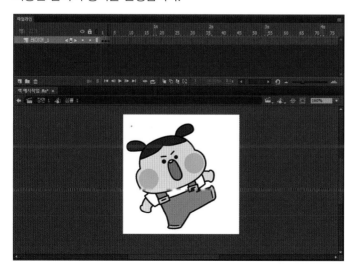

❼ 그다음, '장면1' 작업 화면에서 발차기 동작이 3번 반복될 수 있도록 프레임을 추가해 줍니다. 이때 심볼 애니메이션이 반복될 수 있도록, '루프' 카테고리에서 옵션 항목은 [루프]로 되어 있어야 합니다. 총 24프레임을 모두 이용해 애니콘을 완성하였습니다.

☺ 테니의 작업 과정

'테니'의 애니콘 작업은 이전 챕터에서의 설명과는 조금 다른 방식으로 제작되었습니다. 프레임 바이 프레임Frame by Frame 애니메이션이라고 할 수 있는데, 말 그대로 한 프레임씩 움직임의 변화를 줘서 만든 애니메이션을 말합니다. 또한, 캐릭터 작업을 앞서 설명한 선 도구(N)를 사용하지 않고 브러시 도구(B)를 이용해 작업했다는 차이가 있습니다.

❶ 한 프레임씩 움직임을 만들어 줍니다. 이때, 그림과 같이 설정한 범위 안에서의 프레임별 오브젝트를 겹쳐 보여 주는 '어니언 스킨'이라는 기능을 적용하면 애니메이션 작업에 편리합니다. '뚜디'와 같이 반복되는 동작의 경우 심볼로 변환해 애니메이션 효과를 적용합니다.

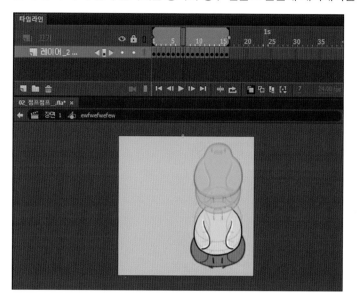

❷ 새 레이어를 만들고 애니메이션을 작업한 심볼을 하나 더 복사해 캐릭터가 번갈아 가며 점프하도록 적용합니다.

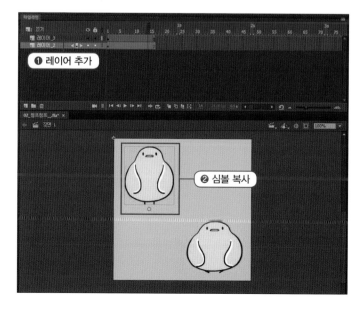

❸ 단, 번갈아 가며 점프하도록 설정해야 하므로, 선택 도구로 오른쪽 테니를 선택해 속성 패널에서 [루프] – [옵션]을 '루프'로 설정하고, 애니메이션 시작 프레임을 9로 설정해 줍니다.

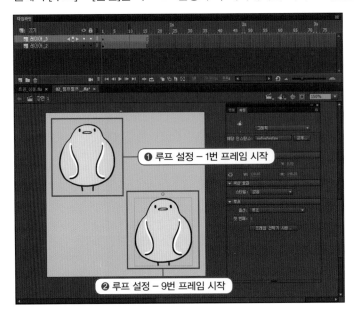

Chapter 05

출력하기(GIF / PNG / SVG) :

😊 GIF 파일

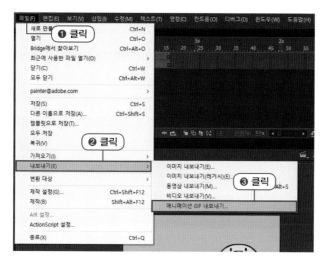

[파일] − [내보내기]에서 [애니메이션 GIF 내보내기]를 선택하면,

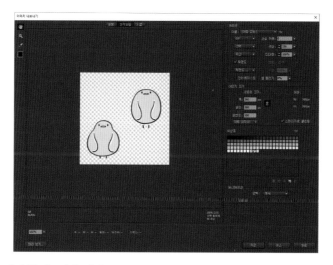

GIF 파일로 저장할 수 있습니다.

☺ PNG 파일

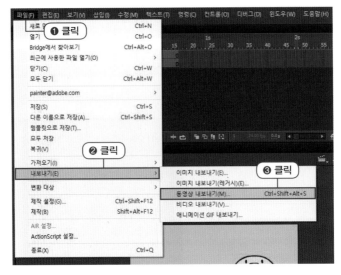

[파일] – [내보내기]에서 [동영상 내보내기]를 선택하면, [PNG 내보내기] 창이 나오는
데, 원하는 설정 후 출력할 수 있습니다.

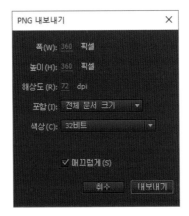

PNG 시퀀스를 출력하기 때문에 애니메이션의 모든 프레임이 저장되니, 미리 새로운
폴더를 만들어 놓고 저장하도록 합니다.

☺ SVG 파일

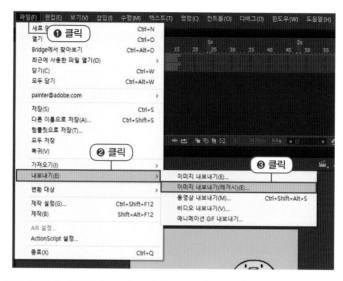

[파일] – [내보내기]에서 [이미지 내보내기(레거시)]를 선택하면, SVG 파일로 저장할 수 있습니다. 비트맵 이미지가 아닌 벡터 소스 그대로 저장하므로, 작업한 소스를 일러스트레이터^{AI}에서 불러와 ai 소스로 저장할 수 있습니다.

 TIP : SVG 파일 저장 시 주의 사항

> 애니메이트에서 만들어 놓은 캐릭터 이미지가 심볼 상태에 있다면, Ctrl+B를 눌러 각 구성 요소의 부분으로 '분리'시켜 줍니다. 이것을 심볼을 '깬다'라고 표현합니다. 만약 분리하지 않고 그대로 SVG 파일을 만들 경우, 심볼이 그룹으로 바뀌어서 일러스트레이터로 불러왔을 때 오브젝트의 위치가 달라지거나, 크기 변경 시 선 굵기가 달라질 수 있으므로 주의합니다.

CREATE

EMOTICONS

Part

06

플랫폼별 이모티콘 샵 업로드하기

(코핀 커뮤니케이션즈 유영학 대표)

· · · · · ·

자, 우리는 PART1부터 PART5까지 이모티콘을 어떻게 기획하고 제작하는 지에 대하여 알아보았습니다. 이번 PART에서는 실제로 이모티콘을 출시하 기 위해서는 어떤 과정을 통하여 심사 신청을 하면 되는지에 대한 구체적인 방법을 알아봅시다. 이모티콘은 플랫폼별로 이모티콘 신청 시 요구하는 파 일의 개수, 규격, 절차 등이 상이하므로 이 부분에 대하여 잘 숙지하여 각 플 랫폼별로 맞게 신청해야 합니다.

카카오톡 :

앞서 설명했듯이, 카카오톡은 스티콘(멈춰 있는 이모티콘) 혹은 애니콘(움직이는 이모티콘) 중 선택하여 먼저 심사 신청을 넣어야 합니다. 심사 신청을 하기 위해서는 카카오톡 아이디가 필요하며, ①스티콘은 24종의 스티콘, ②애니콘은 애니콘 3종과 스티콘 21종을 제작하여 신청하여야 하는데, 이모티콘이 작동하는 데 필요한 타이틀 이미지, 썸네일, 선물 이미지 등은 심사 승인 후에 제작하면 되니, 심사 신청 단계에서는 신경 쓰지 않도록 합니다.

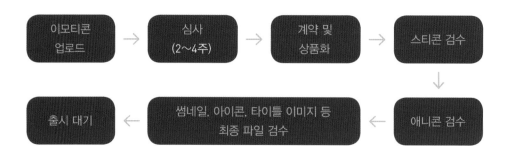

☺ 이모티콘 업로드

(1) 먼저 카카오톡 이모티콘 신청 페이지로 이동하여 로그인을 합니다. 이모티콘 신청 페이지의 중앙 하단에 있는 제안 시작하기를 누르면, 자동으로 로그인 페이지로 이동합니다.

https://emoticonstudio.kakao.com

(2) 제안 시작하기를 누르면 로그인을 해달라는 페이지가 뜹니다. 카카오 계정으로 로
그인을 합니다.

(3) 로그인을 하면 움직이는 이모티콘과 멈춰 있는 이모티콘 중 본인이 제작하기를 원하는 이모티콘 형태를 선택할 수 있습니다. 기본적으로 움직이는 이모티콘과 멈춰 있는 이모티콘 신청 페이지가 거의 동일하므로, 여기서는 움직이는 이모티콘을 중심으로 설명하겠습니다.

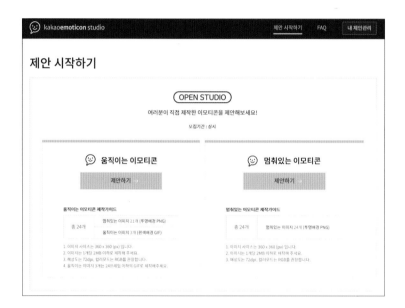

💡 **TIP : 카카오톡 심사용 이모티콘 제작 가이드**

	애니콘(움직이는 이모티콘)	스티콘(멈춰 있는 이모티콘)
개수	총 24개(멈춰 있는 이미지 21개/움직이는 이미지 3개)	총 24개(멈춰 있는 이미지 24개)
파일 형식	멈춰 있는 이미지: 투명 배경 PNG 움직이는 이미지: 흰색 배경 GIF(24프레임 이하)	투명 배경 PNG
이미지 사이즈	360×360px	
이미지 용량	개당 2MB 이하	
해상도	72dpi	
컬러 모드	RGB	

* 움직이는 이모티콘의 경우, 루프 수(애니메이션 동작 반복 수)는 심사위원이 애니콘의 애니메이션 동작을 잘 확인할 수 있게 무한 반복으로 설정해 놓으면 좋습니다.

* 움직이는 이모티콘의 경우, 간혹 GIF도 투명 배경으로 만드는 경우가 있으니 주의하며, 심사 신청 단계(제안 단계)에서는 투명 배경이 아닌 흰색 배경이므로 꼭 확인합니다.

TIP : PNG 파일 용량 줄이는 사이트 및 프로그램

이모티콘 제안이나 제작 시, 작업한 이미지의 용량 제한에 걸려 업로드가 되지 않거나 수정 요청이 들어오는 경우가 있습니다. 이럴 때는 당황하지 마시고 작업한 이미지의 용량을 줄여 주는 사이트 및 프로그램을 이용해 용량을 줄입니다.

1. 사이트

인터넷 주소 창에 https://tinypng.com/를 입력해 이동하면, 아래와 같은 팬더 그림이 있는 페이지 화면이 나옵니다. 점선 박스 안에 용량을 줄이고 싶은 이미지를 드래그해 내려 놓으면 됩니다.

Tinypng 사이트 화면 캡처

2. 프로그램

현재 무료로 배포 중인 PNG 파일 용량을 줄여 주는 프로그램 Pngyu를 이용합니다. http://nukesaq88.github.io/Pngyu/에 접속해 프로그램을 다운로드받습니다.

라이선스 프리 오픈 툴인 용량 최적화 프로그램 Pngyu

마찬가지로 줄이고 싶은 PNG 이미지를 'Drop here'라고 적힌 영역에 드래그해 놓으면, 자동으로 PNG 파일 용량을 최적화시켜 줍니다. 복사본을 만들지 않고 지정한 이미지의 용량을 줄일 수 있다는 점에서 편리하게 사용할 수 있습니다.

(4) 움직이는 이모티콘 제안하기 버튼을 누르면 다음과 같은 신규 제안 화면을 볼 수 있습니다. 신규 제안 화면에서 입력해야 하는 정보는 다음과 같습니다.

- **이모티콘 제목:** 이모티콘이 출시되었을 때 가장 위에 크게 노출되는 제목입니다.
- **이모티콘 시리즈명:** 캐릭터 이름이나 저작자 혹은 캐릭터 이름과 저작자를 둘 다 넣어도 무방합니다.
- **이모티콘 설명:** 이모티콘 설명은 200자로 제한되어 있으므로, 본인이 만든 이모티콘이 어떠한 콘셉트인지 설명하면 됩니다. 필자의 경험으로는 이모티콘 설명을 빡빡하고 상세하게 쓴다고 해서 승인 확률이 올라가는 것 같지는 않았습니다. 오히려 짧고 임팩트 있게 썼던 설명이 더 큰 도움이 되었다고 판단되니, 각자 상황에 맞게 참고해 주시면 됩니다.
- **참고 사이트:** 해당 캐릭터가 SNS나 다른 곳에서 유명한 캐릭터라면 꼭 사이트 링크를 입력합니다. SNS 팔로워가 몇만 명 정도 되는 것이 아니라면 큰 도움은 되지 않습니다.
- **참고 자료 첨부:** 마찬가지로 해당 캐릭터가 유명 캐릭터일 경우에는 자료를 첨부하는 것이 도움이 되나, 그렇지 않을 경우에는 공란으로 두어도 무관합니다.

아래 이미지는 이모티콘이 출시되었을 때, 이모티콘 제목과 시리즈명이 어떤 식으로 노출되는지 알려주기 위한 예시인데, 타이틀 이미지는 승인 이후에 제작하는 부분이니 신청 단계에서는 신경 쓰지 않아도 됩니다. 심사 승인 이후에는 본인이 제작한 이모티콘 중에서 대표로 쓸 이미지를 하나 골라서 타이틀 이미지에 맞게 사이즈 조정만 하면 됩니다.

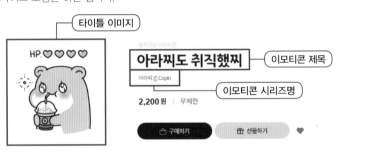

(5) 그 다음은 제작된 이모티콘 24종을 등록합니다. 애니콘은 애니콘 3종과 스티콘 21종을 드래그 앤 드롭으로 등록하면 되며, 순서는 상관 없습니다(24칸 중에서 어느 곳에 애니콘을 집어 넣어도 큰 상관은 없습니다).

☺ 심사

신청이 다 완료되었으면, 결과가 나올 때까지 기다립니다. 심사는 대략 2~4주 정도 걸리며, 승인/미승인 여부는 이메일로 통보해 줍니다. 미승인이 되었다면 아쉽게도 다음 기회를 노리거나 다시 수정해 재신청해야 하는데, 횟수 제한은 없으니 카카오톡의 주요 심사 기준인 상품성과 차별성을 고려하여 몇 번이고 수정/재신청해도 무방합니다.

☺ 계약 및 상품화

승인되었다면, 그대로 기다리면 카카오와 같이 이모티콘 검수를 담당하는 다날 엔터테인먼트에서 연락이 와서 계약 진행 및 이모티콘 검수를 진행하게 됩니다.

☺ 검수

승인 후 이모티콘 제작 시 이모티콘 검수는 약 3개월 정도가 소요되며, 애니콘 기준으로 스티콘, 애니콘, 최종 파일순으로 검수를 진행하게 됩니다. 애니콘이라고 하더라도 이모티콘 미리 보기 이미지는 스티콘으로 되어 있어 먼저 스티콘 검수가 진행되며, 스티콘 검수가 완료되면 애니콘, 그리고 그 이후 썸네일, 아이콘, 타이틀 이미지, 선물 이미지를 제작하는 최종 파일 검수가 이루어집니다.

이모티콘 승인 이후에는 다날 엔터테인먼트에서 이모티콘 검수 절차에 대한 자세한 설명이 내려오니, 해당 내용을 토대로 이모티콘 제작을 진행하면 됩니다.

TIP : 선물이미지, 썸네일, 아이콘 이미지

라인 :

네이버 계열사인 라인은 한국 유저들에게 카카오톡 다음으로 친숙한 메신저가 아닐까 생각합니다. 라인의 경우 일본, 대만, 동남아 유저가 주축을 이루고 있으므로 그쪽을 공략하는 것이 가장 핵심인데, 특히 일본 시장이 50% 가까이 차지하고 있으므로 일본어로 이모티콘을 내는 것도 하나의 방법일 수 있습니다.

☺ 이모티콘 업로드

(1) 라인 이모티콘 신청을 위해서는 카카오톡과 마찬가지로 먼저 이모티콘 신청 공식 사이트를 방문해야 합니다. 라인 이모티콘 공식 사이트에도 이용 방법 및 가이드라인이 나와 있으니 자세히 확인해 보도록 합니다. 이모티콘 신청을 하기 위해서는 중앙 하단에 있는 등록하기를 누릅니다.

https://creator.line.me/ko/

(2) 등록하기를 누르면 로그인 화면으로 이동하는데, 여기서 일단 로그인을 합니다. 라
인 아이디가 없는 사람은 새롭게 만들어야 합니다.

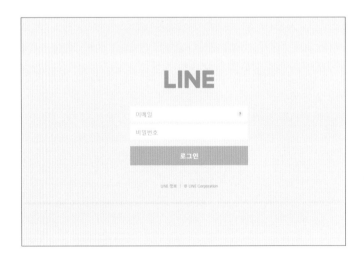

	스티커	애니메이션 스티커
개수	8, 16, 24, 32, 40종 중 선택	8, 16, 24종 중 선택
파일 형식	PNG	APNG
이미지 사이즈	메인 이미지: 240×240px 스티커 이미지: 370×320px 대화방 탭 이미지: 96×74px	메인 이미지: 240×240px 스티커 이미지: 320×270px 대화방 탭 이미지: 96×74px
이미지 용량	개당 1MB 이하	개당 300KB
해상도	72dpi	
컬러 모드	RGB	

* 이모티콘 제작 전 아래 링크의 '스티커 제작 가이드라인'을 미리 확인하도록 합니다.
  https://creator.line.me/ko/guideline/sticker/
* 라인 이모티콘은 심사 신청 단계부터 메인 이미지 및 대화방 탭 이미지(아이콘)를 전부 제작해서 신청
  해야 합니다. 카카오톡에서는 심사 승인 후 썸네일과 선물 이미지를 따로 만들어야 하나, 라인에서는
  심사 신청 단계에서 제출한다는 차이가 있습니다.

메인 이미지

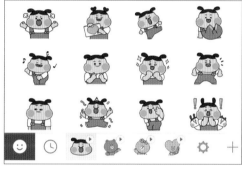

대화방 탭 이미지

* 애니메이션 스티커를 만들기 전에 아래 링크의 '애니메이션 스티커 제작 가이드라인'을 자세히 확인하
  도록 합니다.
  https://creator.line.me/ko/guideline/animationsticker/detail/
* 카카오톡은 심사 승인 단계에서 엄격한 재생 시간 제한을 두고 있지 않으며, 재생 시간에 대한 수정은
  심사 승인 후 검수 과정에서 진행하는 반면, 라인은 심사 신청 단계에서부터 이 부분에 대해 신경을
  쓰고 정확하게 가이드라인에 맞게 제작해야 신청할 수 있으므로, 애니메이션 스티커로 신청하는 경우
  에는 특별히 신경 쓰도록 합니다.
① **전체 재생 시간(각 재생 시간X반복 횟수): 최대 4초**(전체 재생 시간이 4초를 넘을 경우, 반복 횟수
  조정)

② 1회 반복 시 재생 시간: 1∼4초(1.5초와 같은 정수 사용 X)

③ 반복 횟수: 1∼4회

④ APNG 파일 1개당 최대 PNG 프레임 수: 5∼20프레임

애니메이션 스티커 제작 가이드라인

본 가이드라인은 애니메이션 스티커의 이미지를 제작하는 방법에 대해 설명하고 있습니다.

요구사항

APNG 파일의 프레임 수

다음 단계를 통해 APNG 파일의 프레임 수를 결정해 주세요.

1. 각 애니메이션 스티커에 사용될 PNG 파일의 순서를 정합니다.
2. PNG 프레임 수에 맞는 재생 시간을 선택합니다.
3. 재생 시간을 고려하여 스티커 반복 횟수를 정합니다.
   - 전체 재생 시간(각 재생 시간 X 반복 횟수)은 최대 4초입니다.
   - 전체 재생 시간이 4초를 넘을 경우 반복 횟수를 조정해 주세요.
4. APNG 파일을 지정한 다음 저장합니다.

파일 크기 한도를 초과하는 경우 PNG 압축 도구(Pngyu 등)를 사용하여 이미지 파일을 압축합니다.

스티커당 프레임 및 반복 횟수 한도

· 각 스티커의 총 재생 시간은 최대 4초로 제한됩니다. 1회 반복 시 재생 시간은 1~4초로 지정될 수 있으며 1.5초와 같이 정수가 아닌 값은 사용할 수 없습니다.

· APNG 파일 1개당 최대 PNG 프레임 수: 5~20프레임

* APNG Assembler와 같은 일부 도구의 경우 APNG 파일 생성 시 동일한 이미지 여러 개가 한 프레임으로 병합되어 표시될 수 있습니다.

* 모든 프레임에 동일한 이미지를 사용할 경우 애니메이션이 작동하지 않으며 파일 업로드 시 오류가 발생하게 됩니다.

· APNG 파일 1개의 총 재생 시간은 4초로 제한됩니다.

○ 1초(20프레임) x 4회 반복 = 4초

1초 = 20프레임

○ 4초(20프레임) x 1회 반복 = 4초

4초 = 20프레임

✗ 1초(50프레임) x 1회 반복 = 1초 (최대 프레임 수 초과)

1초 = 50프레임

✗ 3초(20프레임) x 2회 반복 = 6초 (최대 총 재생 시간이 4초 초과)

3초 = 20프레임

(3) 제작 가이드라인까지 확인하여 제작이 완료된 후 이제 신청할 일만 남았습니다. 마이 페이지에 들어가서 왼쪽 상단에 있는 신청하기(New Submission)를 누릅니다(예시 이미지의 경우 영어로 되어 있으나, 본인이 언어를 한국어로 설정하였다면 한국어로 보입니다).

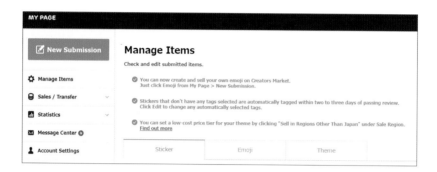

신청하기를 누르면 아래와 같이 이모티콘(Sticker), 이모지(Emoji), 테마(Theme) 중에서 선택할 수 있습니다.

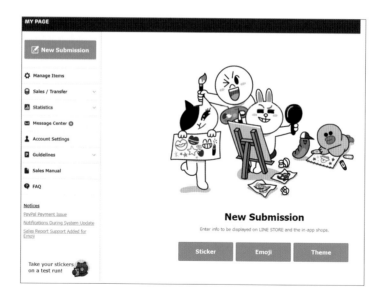

테마는 휴대폰 테마 이미지를 말하는 것으로 이모티콘과는 관계가 없고, 이모지(Emoji)는 다음 이미지와 같이 작은 아이콘 형식의 이모티콘을 의미합니다. 여기서는 이모티콘(Sticker)으로 설명을 진행하겠습니다.

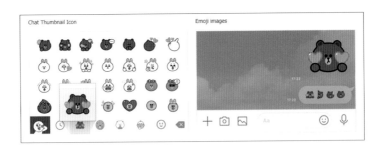

(4) 라인 신청 화면은 카카오톡보다 복잡합니다. 그 이유는 라인은 한국뿐만 아니라 전세계 여러 국가에 사용자가 많으므로, 이모티콘 타이틀과 설명을 한국어뿐만 아니라 다양한 국가의 언어로 서비스할 수 있게 여러 옵션을 제공하기 때문입니다. 또한 어느 국가에서 판매할지도 지정할 수 있습니다.

판매 국가 선택 시 되도록 아시아와 북미만 선택하도록 하는데, 중동이나 아프리카의 경우 라인 이모티콘을 구입하는 사용자가 적은 데 비해 해당 지역을 이모티콘 판매 지역으로 포함하면 심사가 더 오래 걸리며, 그 지역의 문화적 특색에 따른 예상치 못한 수정 사항이 발생할 수 있기 때문입니다.

예를 들어 필자의 경우, 예전에 무지개가 들어간 이모티콘 모션을 제작한 적이 있었는데, 중동에서는 동성애가 법으로 엄격하게 금지되어 있기에 동성애를 상징하는 무지개를 넣을 수 없다는 수정 사항이 발생하였습니다. 따라서 되도록이면 라인 이모티콘의 주 시장인 아시아 및 북미를 제외한 나머지 지역은 판매 지역에서 제외하는 편이 보다 빠른 심사와 적은 수정 사항을 받는 데 유리하다고 할 수 있습니다.

(5) 이제 설명 부분을 모두 작성하였으니, 실제로 제작한 이미지를 올리는 과정이 필요합니다.

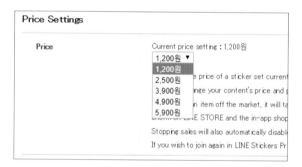

앞서 설명한 바와 같이 여기서 1세트당 몇 개의 이모티콘으로 구성할지도 설정할 수 있으며, 이모티콘 가격도 설정할 수 있습니다. 1세트당 5,500원까지 가격 설정이 가능하나, 대부분의 베스트 셀러 이모티콘의 경우 1,100원 혹은 2,200원에 팔리고 있음을 명심합니다. 너무 높은 가격을 설정할 경우 이모티콘을 잘 제작했음에도 소비자에게 외면받을 우려가 있습니다.

또한, 각 이모티콘 모션별로 사용자가 검색할 수 있게 태그를 달 수 있습니다. 각 모션별로 모션이 나타내는 메시지나 동작을 나타낼 수 있으나 사용자들이 많이 사용하는 기능이 아니므로 굳이 입력하지 않아도 무방합니다.

☺ 심사

신청 후 약 2~4주간의 심사 기간을 거치며, 미승인/승인은 라인 이모티콘 신청 페이지에서 확인 가능합니다. 미승인이 났을 경우 그 사유를 알려 주지 않는 카카오톡과 비교하여 라인은 어떠한 부분 때문에 미승인이 되었고, 정확히 어떤 부분을 수정해야 하는지 알려 주므로, 미승인이 나더라도 너무 걱정할 필요는 없습니다. 미승인이 되었을 경우, 라인에서 지적한 수정 사항만 반영하여 다시 신청하면 언젠가는 반드시 승인될 수 있습니다.

하지만 라인은 최소한의 제작 기준만 넘는 모든 이모티콘을 승인하고 있기 때문에 하루에 1,000개가 넘는 이모티콘이 출시되는 것으로 알려져 있어, 대다수의 이모티콘은 매출이 거의 발생하지 않고 묻히는 경우가 많습니다.

또한, 이모티콘 타이틀 및 설명은 다양한 언어로 현지에 맞게 노출시킬 수 있다고 하더라도 이모티콘 모션 자체에 들어가는 글자는 한 언어로밖에 만들 수가 없습니다. 따라서 라인에 이모티콘을 출시할 때는 메인으로 되는 시장(예: 일본 등)을 하나 정해서 모션에 그 나라의 언어를 넣거나, 아예 언어를 빼거나 OK, Yes와 같은 전 세계적으로 범용적으로 사용되는 영어 표현만 넣는 방법이 있습니다.

Chapter 03

밴드 :

밴드는 라인과 마찬가지로 네이버 계열의 메신저로서 국내에서 카카오톡 다음가는 사용량을 보이고 있는 메신저입니다. 국내 이모티콘 시장은 크게 카카오톡, 밴드, 그리고 네이버 OGQ로 나뉘는데, 이 중에서 밴드는 주 사용 연령층이 30대 이상으로 높은 편입니다. 따라서 밴드에 이모티콘을 출시할 때에는 30대 이상을 타깃으로 하는 이모티콘을 기획하도록 합니다.

이모티콘 업로드 → 심사 → 계약 및 상품화 → 판매

☺ 심사 신청

(1) 밴드 이모티콘은 신청 페이지가 검색으로 나오지 않아 찾기가 어려운데, 신청 페이지는 아래 링크로 들어가거나 혹은 밴드 앱에서 확인이 가능합니다. 카카오톡이나 라인과 마찬가지로 신청 페이지 중앙 하단에 있는 스티커 제휴 제안하기를 누르면 제안하는 페이지로 이동합니다.

https://partners.band.us/partners/sticker

💡 TIP : 밴드 심사용 이모티콘 제작 가이드

	애니메이션 스티커	스틸 스티커
개수	멈춰 있는 이미지: 5개 움직이는 이미지: 3개	멈춰 있는 이미지 5개
파일 형식	멈춰 있는 이미지: PNG 움직이는 이미지: GIF	PNG
이미지 사이즈	최대 370×320px	
해상도	72dpi	
컬러 모드	RGB	
기타	재생이 계속 반복되도록 제작	

* 밴드도 카카오톡과 마찬가지로 승인 전에 이모티콘의 일부분만 제작하고 승인 후에 나머지 작업을 진행하는 형태로 되어 있어 상대적으로 매우 편합니다.

(2) 밴드의 이모티콘 신청 페이지는 직관적으로 되어 있고 상당히 간단합니다. 또한 밴드에 가입하지 않고도 이모티콘 신청이 가능합니다.

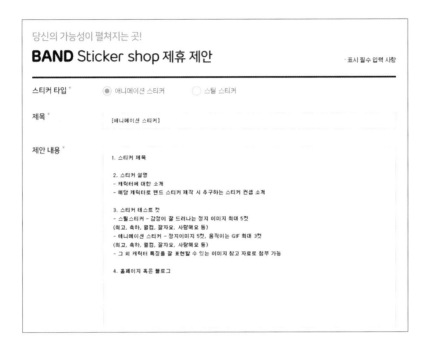

우선 스티콘(스틸 스티커)으로 신청할지 애니콘(애니메이션 스티커)로 신청할지 정한 후, 제목과 제안 내용을 적어 줍니다. 2번 스티커 설명에는 캐릭터에 대한 설명과 전체적인 콘셉트 위주로, 3번 테스트 컷에는 각각의 모션에 대한 메시지를 적어 주면 됩니다. 마지막으로 캐릭터가 어느 정도 인지도 있는 캐릭터라고 한다면 해당 캐릭터에 대한 설명이 있는 홈페이지 혹은 블로그를 링크하도록 합니다.

(3) 그다음은 화면을 아래로 내려 제작한 이모티콘을 첨부하고 마지막으로 제안자의 이름과 연락처를 적으면 신청이 끝납니다. 승인/미승인 여부는 이메일로 오며 심사 기간은 약 2~4주 정도입니다.

😊 심사

밴드는 카카오톡과 마찬가지로 미승인이 되어도 정확한 사유를 알려 주지 않습니다. 라인은 일정한 제작 기준만 넘으면 모두 출시가 가능한 것과는 달리 상품성과 차별성을 가지고 심사를 진행합니다.

😊 계약 및 상품화

승인되면 담당자가 붙어서 계약 후 이모티콘 제작을 진행하게 되는데, 승인 후에는 애니콘의 경우 카카오톡과 마찬가지로 24종을 만들어서 최종적으로 판매하게 됩니다.

네이버 OGQ :

네이버 OGQ는 구 네이버 그라폴리오 마켓으로, 여기에 출시된 이모티콘은 네이버 블로그 혹은 카페 등에서 사용하게 됩니다. 채팅에서 주로 활용되는 것이 아닌 블로그나 카페에서 주로 활용되는 이모티콘이기에 카카오톡이나 밴드보다는 아무래도 시장 크기가 작다고 볼 수 있습니다.

네이버 그라폴리오 시절에는 스티콘(멈춰 있는 이모티콘)밖에 서비스되지 않았으나 현재는 애니콘(움직이는 이모티콘)도 출시가 가능합니다.

😊 이모티콘 업로드

(1) 이모티콘을 신청하기 위해서는 우선 네이버 OGQ 마켓에 들어가야 합니다. 네이버 OGQ 마켓은 네이버와 연동되어 있으므로 네이버 아이디만 있으면 쉽게 가입할 수 있습니다. 가입 후 오른쪽 상단에 있는 크리에이터 스튜디오를 클릭하면 이모티콘 신청 페이지로 이동 가능합니다.

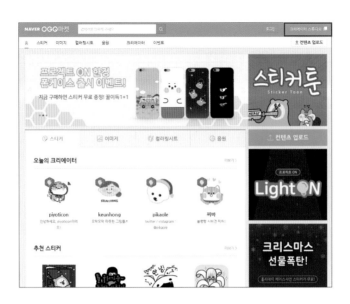

TIP : 네이버 OGQ마켓 심사용 이모티콘 제작 가이드

	애니메이션 스티커	스티커
개수	대표 이미지: 1종 스티커 이미지: 24종 탭 이미지: 1종	대표 이미지: 1종 스티커 이미지: 24종 탭 이미지: 1종
파일 형식	대표 이미지: PNG 스티커 이미지: GIF 탭 이미지: PNG	PNG
이미지 사이즈	대표 이미지: 240×240px 스티커 이미지: 740×640px 탭 이미지: 96×74px	
이미지 용량	각 1MB 이하	
해상도	72dpi	
컬러 모드	RGB	
기타	각 프레임 수: 100 이하	–

* 라인과 마찬가지로 처음부터 모든 이모티콘을 완벽하게 제작한 상태로 신청해야 합니다.
* 네이버 OGQ의 경우 카카오톡이나 라인에 비해 이모티콘 파일 크기가 2배 이상 큰데, 동일한 이모티콘을 라인과 밴드, 네이버 OGQ에 동시 출시하는 것을 고려하고 있다면, 처음부터 네이버 OGQ 이모티콘 파일 규격을 고려하여 제작 진행하는 게 좋습니다. 단, 카카오톡은 이모티콘 모션에 대한 독점 계약을 요구하고 있어, 카카오톡에 출시한 이모티콘 모션은 네이버 계열 메신저에 출시할 수 없습니다.

(2) 이모티콘 제작이 완료되었다면 [컨텐츠 관리] 메뉴에서 컨텐츠 업로드를 클릭합니다. 컨텐츠 업로드를 누르면 스티커 혹은 애니메이션 스티커를 고를 수 있는 화면이 나오며, 여기서는 애니콘(애니메이션 스티커)을 중심으로 설명하겠습니다. 판매자 정보가 없으면 스티커를 업로드할 수 없기 때문에, 업로드 전에 판매자 정보를 꼭 입력하도록 합니다.

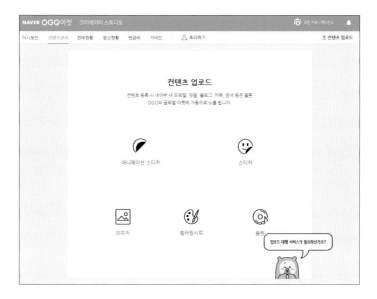

(3) 네이버 OGQ마켓도 밴드와 마찬가지로 이모티콘 신청 페이지가 직관적이고 매우 쉽게 되어 있습니다. 제작한 대표 이미지를 업로드하고 이모티콘의 기본 정보인 제목과 내용을 넣어 주고, 마지막으로 이모티콘이 사용자에게 특정 키워드로 검색될 수 있도록 태그를 넣어 주면 됩니다. 네이버 OGQ마켓은 라인과 마찬가지로 제작자가 가격을 설정할 수 있으며, 애니콘은 2,200원, 2,750원, 3,300원 세 가지로 설정이 가능합니다.

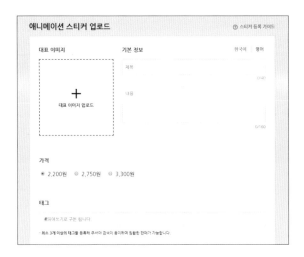

(4) 제목과 설명을 적었다면, 마지막으로 제작된 파일을 업로드하면 신청이 끝났습니다. 신청 화면 맨 아래에는 '심사 완료 즉시 자동 판매 개시'를 할 것인지 혹은 심사 완료 후 제작자가 확인한 다음에 판매 개시를 누를 것인지를 선택할 수 있는 옵션이 있으므로, 제작자가 원하는 방향으로 선택하면 됩니다.

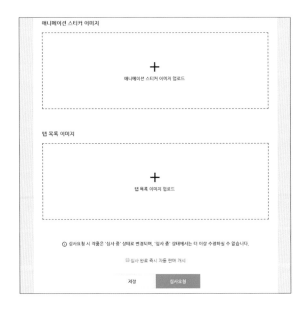

☺ 심사 및 판매

여타 메신저와 마찬가지로 약 2~4주간의 심사 기간이 있으며, 미승인이 난다고 하더라도 정확한 사유와 수정 포인트를 알려 주니 걱정하지 않아도 됩니다. 라인과 마찬가지로 미승인이 되더라도 언급된 수정 사항을 완료하면, 결국에는 승인이 되어 최종적으로 판매가 가능합니다.

 SUMMARY : 이모티콘 업로드 전에 체크하세요!

1 플랫폼별로 제작 규격과 필요 파일이 다르니 업로드 전에 꼭 확인하자.

2 플랫폼별 신청 페이지가 따로 존재하며, 요구하는 정보도 각각 다르다. 일부 플랫폼에서는 이모티콘 가격 및 한 세트에 들어가는 이모티콘 개수도 설정할 수 있으니 꼭 자신의 이모티콘 콘셉트에 맞게 설정하자.

3 라인과 같이 해외 유저를 타깃으로 한 이모티콘을 낼 때는 한국어 설명뿐만 아니라 타깃으로 하는 국가의 언어 설명도 추가하자.

4 심사 결과는 입력한 이메일을 통하여 확인할 수 있다.

Epilogue

·

interview 이모티콘 디자인은?

코핀 커뮤니케이션즈_ **유영학 대표님** 인터뷰

Q 대표님께서는 코핀 커뮤니케이션즈를 설립하시기 전, 외국계 금융회사에서 근무하셨던 이력으로 업계에 알려져 있습니다. 특별히 이모티콘에 관심을 가지게 된 이유가 있다면 무엇일까요?

A 과거에는 캐릭터를 알릴 수 있는 주 수단이 주로 TV 애니메이션이었습니다. 많은 분들이 어렸을 적 오후 6시만 되면 TV를 켜고 세일러문, 은하철도999, 독수리 오형제 등 다양한 애니메이션을 보았던 것을 기억하실 겁니다. 과거 캐릭터 업계에서는 먼저 TV 애니메이션으로 캐릭터 인지도를 키우고 그다음 캐릭터 상품과 같은 라이선스 사업으로 가는 방법을 사용하였습니다. 하지만 이제는 영유아용 애니메이션을 제외하고는 애니메이션 시장이 크게 죽어서 TV 애니메이션을 통하여 캐릭터를 알린다는 것이 과거보다 힘들어졌고, 반대로 이모티콘이라는 새로운 시장이 등장하면서 마치 과거의 TV 애니메이션처럼 캐릭터를 알릴 수 있는 하나의 주요한 수단으로써 사용되고 있습니다. 누구나 자유롭게 캐릭터를 올릴 수 있고, 많은 사람들이 자신이 만든 캐릭터를 사용한다는 면에서 이모티콘에 관심을 가지게 되었습니다.

Q 아라찌 1편을 처음으로 기획하시게 되었는데, 아라찌라는 캐릭터는 어떻게 탄생하게 되었는지 소개 부탁드립니다.

A 아라찌는 햄스터답지 않게 귀차니즘이 충만한 빵떡 햄스터 캐릭터입니다. 다들 누구나가 조금씩은 가지고 있는 귀차니즘을 캐릭터에 녹여내고 싶었고, 이러한 귀차니즘을 통하여 사람들이 캐릭터에 자신의 모습을 투영하고 공감하게 되리라 생각했습니다. 누구나 한 번쯤은 해 보았을 만사가 귀찮은 모습, 그게 바로 빵떡 햄스터 아라찌의 탄생 계기입니다.

Q 아라찌 외에도 카카오 이모티콘 샵에 출시된 〈한/영 자동 번역기〉, 〈한자 캘리그라피〉, 〈GTA 연애이야기〉 등 대표님께서 직접 기획하신 이모티콘이 있는 것으로 알고 있습니다.

A 초반에는 이모티콘 기획에 적극적으로 참여했습니다. 하지만 회사가 커지고 경영, 재무 등 맡아야 할 일이 많아지다 보니 최근에는 기획에 거의 참여하지 못하고 있습니다. 말씀해 주신 〈한/영 자동 번역기〉, 〈한자 캘리그라피〉, 〈GTA 연애이야기〉 등은 '어떻게 하면 차별성을 높여서 카카오톡에 이모티콘을 '승인'받을 수 있을까?' 하고 필사적으로 고민하다 보니 떠오른 아이디어 이모티콘입니다(웃음).

Q 현재 코핀에서는 20여 명의 디자이너를 채용해 이모티콘을 제작하고, 각종 프로젝트를 진행하고 있습니다. 디자이너 채용 시 중요하게 생각하시는 점이 있다면?

A 열정, 실력 그리고 능동적으로 일할 수 있는가입니다. 열정과 실력은 어떤 기업에서도 중요하게 생각하는 요소이며, 능동적으로 일할 수 있는가 하는 것은 스타트업 특성상 개개인이 많은 권한을 가지고 프로젝트를 진행해야 하기 때문에 스타트업에 있어서는 필수적인 요소라고 생각합니다.

Q 마지막으로 앞으로의 이모티콘 시장의 전망은 어떤지 의견 부탁드립니다.

A 메신저 플랫폼이 지속되는 한 이모티콘 시장의 전망은 밝다고 생각합니다. 실제로 지금까지 이모티콘 시장은 매년 20~30% 징도의 높은 시장 성장률을 보여왔습니다. 이모티콘 시장이 이렇게 커진 것은 불과 몇 년 되지 않았지만, 이모티콘이라는 것은 지금으로부터 약 30년 전에 인터넷 채팅이 처음 출현했을 때부터 꾸준하게 사용되어 왔습니다. 아무래도 채팅이라는 것은 얼굴을 보지 않고 대화를 이어나가는 것이다 보니 자신의 미묘한 감정을 대신하여 표현할 수 있는 수단이 필요합니다. 그 부분을 이모티콘이 훌륭하게 채워 주고 있다고 생각합니다.
사람은 보다 효율적으로 커뮤니케이션을 이어나갈 수 있도록 진화해 왔습니다. 실제로 사람들은 서로의 아주 미묘한 무의식적인 표정에서도 상대의 감정을 느낄 수 있다고 합니다. 미묘한 감정 혹은 그 감정을 이해하는 것도 커뮤니케이션에 있어서 매우 중요합니다. 이 부분을 이모티콘이 담당하고 있다고 생각하고 있고, 수천, 수만 년 동안 서로 대화하는 데 있어서 이것이 필요했던 만큼 앞으로도 이모티콘은 없어지지 않고 꾸준히 사랑받으리라 생각합니다.

캐릭터 개발팀_ **정용훈 팀장님** 인터뷰

Q 현재 캐릭터 개발팀 팀장으로 계신데, 예전에도 이모티콘 관련된 일을 하셨나요? 어떤 연유로 이모티콘 회사에서 일을 하시게 되셨나요?

A 첫 직장이 애니메이션을 만드는 회사였습니다. 그 때가 2000년 초·중반이었는데, 당시에는 이모티콘에 관한 개념이 지금처럼 정립되어 있지 못했던 시기였습니다. 다만, '아바타' 같은 개념의 캐릭터가 많았고, 플래시 애니메이션이나 캐릭터 상품에 대한 대중의 관심이 폭증하던 시기였기 때문에, 캐릭터 개발과 관련한 관심을 꾸준히 가지고 있었습니다. 후에(스마트폰이 보급된 이후) 작은 규모의 게임 회사나 앱을 개발하는 회사에서 일하게 되었고, UI 디자인에서부터 캐릭터 디자인까지 폭넓게 담당하였습니다. 회사에서 이모티콘 관련 일을 해왔던 것은 아니고, 이모티콘과 캐릭터 디자인에 관심이 많아 독자적으로 이모티콘 캐릭터를 구상하고 만들기도 하였습니다. 그러던 중 캐릭터 개발에만 집중할 수 있는 회사로 이직을 모색하게 되었고, 이모티콘 전문 회사인 코핀 커뮤니케이션즈로 올 수 있게 되었습니다.

Q 보통 타블렛을 이용해서 많이 그리던데, 꼭 타블렛을 이용해야 되나요? 전문 장비가 없어도 만들 수 있을까요?

A 일반적으로 이모티콘하면, 캐릭터나 그림으로 표현하고 의미를 전달하는 매체이기 때문에, 타블렛은 필수라고 할 수 있습니다. 필압이 들어간 손으로 그린 그림을 디지털 신호로 컴퓨터상에 나타내는 도구이기 때문입니다. 타블렛을 이용해 포토샵에서 브러시 도구로 그림을 그릴 수도 있고요, 원하는 만큼 수정도 용이하기 때문에 작업에 꼭 필요한 장비입니다. 그 밖에 펜 도구의 패스를 다룬다거나 프로그램을 정밀하게 조작할 때, 마우스에 비해 어깨나 손목에 무리(같은 작업 반복 시)를 덜 주기 때문에 실제 작업에서 마우스와 타블렛을 검하여 사용하고 있습니다. 여기까지는 그림이나 캐릭터가 중심이 된 이모티콘의 경우고요. 사진이나 영상을 활용한 이모티콘이나 아이디어가 중심이 된 이모티콘의 경우, 전문장비 없이도 제작할 수 있다고 생각합니다.

한국 생활은
좀 익숙해
지셨나요?

좋은
생각이네요.

〈한/영 자동 번역기〉 같은 이모티콘이 적절한 예가 될 것 같습니다.

Q 처음 이모티콘을 만들고자 하는 분들이 가장 어려워하는 게 기획하는 과정 같은데요. 영감이나 아이디어를 어디서 얻고 어떻게 기획하는지 궁금합니다.

A 아이디어는 가급적 제가 '좋아하는' 영역에서 찾으려고 합니다. 좋아하는 만화나 영화 등에서 영감을 얻기도 하고요. 〈의태냥이〉, 〈어팬저씨 1, 2〉에 등장하는 고양이는 제가 고양이(고양이를 키우는 것은 아니고 길냥이에게 관심이 많습니다.)를 좋아하기 때문에 기획에 넣게 된 것입니다. 특별한 이유가 있기보다 '좋아하는 분야'나 '좋아하는 것'에 집중하다 보면 떠오르는 게 있는데, 말로 설명하기 힘든 직감에 의존할 때가 많은 것 같습니다.

또한, 카톡이나 다른 사람들의 대화 같은 곳에서 아이디어를 얻기도 하는데요. 재미있는 짤이니 재미있는 표현이 있으면 기억해 놓는다거니 하는 경우도 있고, 다른 예를 하나 들자면, 어팬저씨에서 '나대지마라'는 표현이 있어요. 우연히 10대 친구들이 사용하는 말을 유심히 지켜본 적이 있는데요, 아이들끼리 장난치면서 '나대지 마라'고 하는데 갑자기 그 표현이 생소하

게 들리더라고요. 그때, '나대지 마라'는 표현을 기록해 놓았다가 후에 이모티콘에서 사용하기도 하였습니다.

Q 그림 전공자가 아니더라도, 그림 실력이 없더라도 아이디어와 기획력만으로 이모티콘을 만들 수 있을까요?

A 다른 인터뷰에서도 비슷한 답변을 한 적이 있는데요. 아이디어가 중심이 된 이모티콘은 누구라도 만들 수 있죠. 누구나 도전할 수 있는 길은 열려 있습니다. 그런데, (질문에 대한 답은 드렸습니다만 우려되는 점은) 그에 상응하는 노력과 진지한 고민이 필요하다 말하고 싶습니다. '대충 그린' 콘셉트의 이모티콘이 젊은 층을 중심으로 생각보다 많은 인기를 누리고 있죠. 그런 성공을 보고 '나도 할 수 있겠다'고 마음먹는 부분까지는 좋아요. 그런데, 인기 있는 대충 그린 콘셉트의 이모티콘을 답습하려는 태도는 옳지 않다고 생각합니다. 기획 파트에서 '낯설게 하기'를 잠시 언급하였는데요. '기획력'으로 이모티콘을 만든다는 것은 이미 익숙한 양식과 스타일을 뛰어넘는다는 의미라고 할 수 있기 때문에 그것조차도 그림을 잘 그리는 것만큼 만만한 것은 아닙니다. 프롤로그에서도 말씀드렸듯이, 꾸준히 '성장'하겠다는 마음가짐으로 작업을 시작하셨으면 좋겠습니다. 더불어 '그림 실력'이라는 것도 '재능을 부여받은, 선택받은 자만이 할 수 있는' 그런 개념이 아니기 때문에, 관심이 있다면 성장(그림 실력을 포함해)할 수 있다는 믿음을 가지셨으면 합니다.

Q 이모티콘 제작에서 가장 신경 써야 할 부분은 무엇인가요?

A 캐릭터를 귀엽게 또는 개성 있게 만드는 것과 만든 캐릭터를 가지고 신선하고 재미있는 이모티콘으로 기획하는 것도 중요하고요. 생동감 있고 재미있는 움직임을 주는 애니콘을 만드는 과정도 중요합니다. 그러나 그에 우선하는 것이 '자신이 기획하고 만든 이모티콘은 어떤 '차별성'이 있는지?', '다르게 표현하면 어떤 '매력'이 있는지?', '기획, 캐릭터, 애니메이션 작업을 포괄해 내가 만든 이모티콘이 어떤 '매력'을 만들어내고 있는지?' 고민하면서 작업하셨으면 합니다.

Q 이모티콘을 제작하면서 어떤 점이 가장 힘드셨나요?

A 애니콘 작업은 아무래도 (힘들다기 보다는) 어려움이 있습니다. 캐릭터를 생동감 있게 움직여야 하고, 그 움직임의 의미가 다른 사람에게 재미를 동반하면서 전달되어야 하기 때문입니다. 어렵게 24장의 그림을 이용해 움직이는 이모티콘을 만들었는데, 그 모션이 주는 효과가 임팩

트가 없거나 재미가 없다면, 다시 작업해야 하는 경우도 많습니다. 기획에 있어서도 대중의 기호나 트렌드는 시간에 따라 변하기 마련이고 예측하기 어렵기 때문에 이 부분도 어렵습니다. (그러나 이모티콘을 만들어 갈 독자 분들을 위해 살짝 덧붙이면) 역설적이게도 그런 작업 과정이 어렵기 때문에 작업이 재밌습니다.

〈어팬저씨 1, 2〉를 기획할 때, 출퇴근하는 지하철에서 고민하고 또 작업의 방향을 정하기도 했습니다. 출퇴근 시간이 업무의 연장(?)일 수 있었던 이유는 작업 과정이 재밌고 즐거웠기 때문입니다.

콘텐츠 광고팀_ **김소라 팀장님** 인터뷰

Q 콘텐츠 광고팀은 주로 어떤 일을 하는지 소개 부탁드립니다.

A 개인이 아닌 기업을 대상으로 하는 이벤트를 위한 이모티콘을 제작하는 일을 합니다. 주로 카카오글 동안 세약이 90%이며 가끔 리인 이모디콘으로고도 의뢰기 옵니디. 기기오 친구 추가를 했을 시 이모티콘을 받는 경험을 해 보셨을 텐데요. 바로 이런 이벤트에 제공되는 이모티콘을 만드는 것이 콘텐츠 광고팀의 업무입니다.

Q 실무 작업을 진행하는 데 있어, 일반 이모티콘과 브랜드 이모티콘은 어떤 차이가 있나요?

A 실질적 작업에는 큰 차이는 없지만 약간의 규칙은 다릅니다. 이모티콘의 기본 개수라던가 속도 및 프레임에 대한 규정이 조금 다를 뿐 제작하는 것은 일반 이모티콘과 다르지 않습니다. 다만 광고주의 의견에 맞춰야 하기에 자유도는 떨어지며, 기업을 대표하는 캐릭터가 있을 시 그 캐릭터로 이모티콘을 작업하는 경우도 종종 있다는 점이 일반 이모티콘과 다릅니다.

Q 코핀이 브랜드 이모티콘 업계 1위의 회사로 알려져 있습니다. 많은 종류의 브랜드 이모티콘을 제작하는 데 있어, 관련 아이디어는 어떻게 수집하시는지요?

A 보통은 기존 출시된 이모티콘에서 많이 찾습니다. 그리고 개인의 역량에 많이 의존합니다. 위에서 말했듯이 광고주에게 맞춰야 하기에 자유도가 떨어져서 그때그때 임기응변에 따라 대응해야 합니다. 최근 트렌드에 맞는 이모티콘의 콘셉트를 제시하는 기업일수록 좀 더 수월하게 작업을 진행할 수 있기는 합니다.

Q 실무 작업에서 가장 중요하게 생각하는 점이 있다면?

A 콘텐츠 광고팀의 업무는 광고주와의 계약을 통해 이뤄지기에 일정에 있어서 철저해야 합니다. 일정이 제대로 지켜지지 않는다면 모든 상황이 틀어지게 됩니다. 이는 회사의 신뢰도에도 치명적이기 때문에 광고주와의 일정 조율을 제일 중요하게 생각합니다. 그 외에 작업적인 면에서 중요한 점이라면 포인트를 잡아내는 능력을 키워야 한다는 점입니다. 스스로의 만족이 아닌 '평가'를 받아야 하는 일이기에 상대가 무엇을 원하는지, 그것을 어떻게 표현해야 하는지 잘 잡아내는 능력이 중요하다고 봅니다.

Q 이모티콘 디자이너가 되고 싶은 후배들에게 해 주고 싶은 말이 있다면?

A 많은 것을 보고 다양성을 기르십시오. 당연한 것이지만 그만큼 어려운 것이기도 합니다. 자신이 하고자 하는 분야 외에도 다양한 곳에서 최대한 많이 보고 많이 연습하여야 그것이 밑바탕이 되어, 후에는 따로 찾아보지 않아도 저절로 다양한 아이디어가 떠오르게 됩니다. 무에서 유를 창조할 수는 없습니다. 갑작스럽게 아이디어를 떠올리기보단, 다방면에서 접한 경험과 다양한 지식에서 비롯되는 아이디어가 자신의 실력 향상에 큰 도움을 줄 것입니다.

아라찌 팀_ **심윤희 팀장님 인터뷰**

Q 카카오 이모티콘 샵에서 판매된 아라찌 1편과 비교해서, 2017년 11월에 출시한 〈찰떡같이 아라찌〉의 반응은 뜨거웠습니다. 1편의 아라찌를 리뉴얼하는 과정에서 중요하게 생각했던 점이 있었나요?

A 기존 아라찌에 제목과 같이 찰떡같이 쫀득쫀득한 모션을 접목하여 제작하였습니다. 기획 단계에서 아라찌의 귀차니즘 성격에 어울리는 공감 가는 모션과 일상생활에 많이 쓰이는 모션에 어떤 재미를 줄 수 있을까 고민을 많이 했습니다.

Q 이모티콘에서 보이는 아라찌의 모션이 다른 이모티콘에 비해 굉장히 자연스럽습니다. 애니메이션 작업에서 아라찌 팀만의 특별한 작업 노하우가 있다면?

A 아라찌 이모티콘은 프레임 바이 프레임 기법으로 제작되고 있습니다. 애니메이션 작업을 할 때 어려운 모션은 실사 모션 레퍼런스를 많이 찾아보고 연구하며 작업을 진행합니다.

Q 〈아라찌도 취직했찌〉, 〈아라찌는 취향저격〉, 〈아라찌는 여름났찌〉 그리고 〈아라찌와 그래찌〉 등 다양한 콘셉트의 시리즈가 이모티콘 샵에서 출시되었습니다. 이처럼 다양한 아이디어는 주로 어떻게 수집하시나요?

A 아라찌 팀원 5명이 함께 기획하고 제작했기 때문에 혼자 생각하는 것보다 다양하고 좋은 아이디어를 얻을 기회가 좀 더 많은 것 같습니다. 아라찌는 햄스터이기 때문에 실제 햄스터 짤방이나 햄스터들이 하는 동작에서 영감을 많이 얻습니다.

Q 실무 작업에서 가장 중요하게 생각하는 점이 있다면?

A 모션에 대한 이해도와 안정적인 캐릭터 드로잉입니다.

interview 이모티콘 디자인은?　**229**

Q 이모티콘 디자이너가 되고 싶은 후배들에게 해주고 싶은 말이 있다면?

A 이모티콘 디자이너는 애니메이션과 캐릭터를 좋아하시는 분들이 짤막한 모션들을 다양하게 만들어 볼 수 있는 재미있는 직업인 것 같습니다.

아라찌, 2017, ©Copin

이모티콘 제작을 위한 친절한 안내서
실전 이모티콘 만들기

1판 1쇄 발행 2019년 8월 15일

저   자 | 코핀 커뮤니케이션즈, 정용훈
발 행 인 | 김길수
발 행 처 | (주)영진닷컴
주   소 | 서울 금천구 가산디지털2로 123 월드메르디앙벤처센터 2차
              10층 1016호 (우)08505
등   록 | 2007. 4. 27. 제16-4189호

©2019. (주)영진닷컴

ISBN 978-89-314-6110-7

YoungJin.com Y.
영진닷컴